井冈山时期留给我们最为宝贵的财富，就是跨越时空的井冈山精神。井冈山精神，最重要的方面就是坚定信念、艰苦奋斗、实事求是、敢闯新路、依靠群众、勇于胜利。

　　今天，我们要结合新的时代条件，让井冈山精神放射出新的时代光芒。

——摘自习近平《论中国共产党历史》

跨越百年的追寻

KUAYUE BAINIAN DE ZHUIXUN

—— 井冈山精神学习笔记100篇

JINGGANGSHAN JINGSHEN XUEXI BIJI 100 PIAN

肖文纬 陈定才 ⊙著

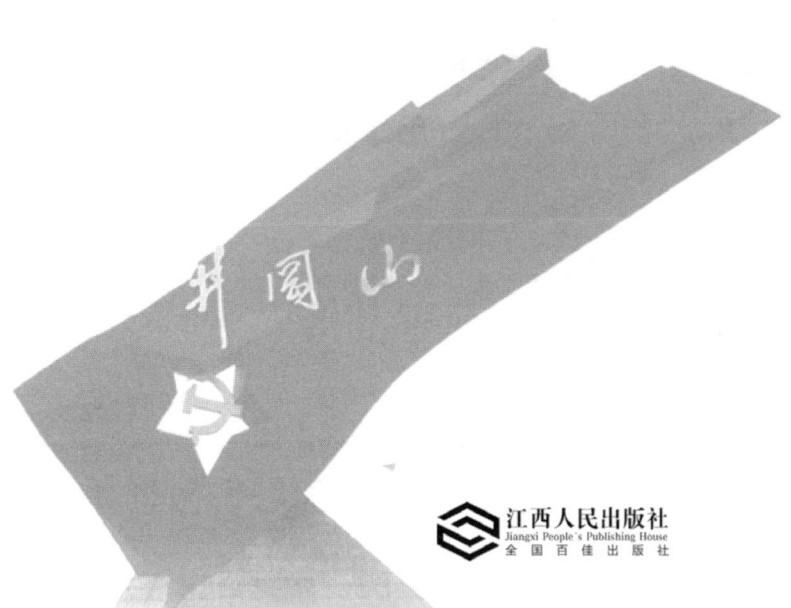

江西人民出版社
Jiangxi People's Publishing House
全国百佳出版社

图书在版编目（CIP）数据

跨越百年的追寻：井冈山精神学习笔记100篇 / 肖文纬，陈定才著. -- 南昌：江西人民出版社，2024.4
ISBN 978-7-210-14549-3

Ⅰ.①跨… Ⅱ.①肖… ②陈… Ⅲ.①井冈山精神—学习参考资料 Ⅳ.① D648.4

中国国家版本馆CIP数据核字（2024）第088871号

跨越百年的追寻：井冈山精神学习笔记100篇
KUAYUE BAINIAN DE ZHUIXUN：JINGGANGSHAN JINGSHEN XUEXI BIJI 100 PIAN
肖文纬　陈定才　著

策 划 编 辑：黄心刚
责 任 编 辑：王醴颉
书 籍 设 计：同异文化传媒

江西人民出版社 出版发行
Jiangxi People's Publishing House
全国百佳出版社

地　　　　址：	江西省南昌市三经路47号附1号（330006）
网　　　　址：	www.jxpph.com
电 子 信 箱：	jxpph@tom.com
编辑部电话：	0791-86898983
发行部电话：	0791-86898801
承　印　厂：	南昌市红星印刷有限公司
经　　　销：	各地新华书店

开　　　　本：	787毫米×1092毫米　1/16
印　　　　张：	18.5
字　　　　数：	260千字
版　　　　次：	2024年4月第1版
印　　　　次：	2024年4月第1次印刷
书　　　　号：	ISBN 978-7-210-14549-3
定　　　　价：	59.00元

赣版权登字-01-2024-127

版权所有　侵权必究
赣人版图书凡属印刷、装订错误，请随时与江西人民出版社联系调换。
服务电话：0791-86898820

前 言

毛泽东和毛泽东思想是中国共产党的一面旗帜，是时代的一面旗帜，是中华民族的一面旗帜。正是这面旗帜，引领了伟大的井冈山斗争。从1927年9月27日莲花决策上井冈开始，历史已跨越了近百年，井冈山也化成了一面旗帜。历史昭示我们，在实现中华民族伟大复兴的征途上，党的旗帜就是我们的旗帜，党的方向就是我们的方向，党的意志就是我们的意志。

前两天，我收到了井冈山的两位朋友肖文纬、陈定才寄来的一份书稿，我感到非常欣慰，他们俩一个是井冈山毛泽东红军学校的校长，一个曾经在井冈山毛泽东小学工作，几十年对井冈山的解读，对井冈山精神的感悟，行成于笔端，默契的合作，把两人的读书笔记合成了这本《跨越百年的追寻——井冈山精神学习笔记100篇》。实在难能可贵。

是什么力量让他们如此执着追寻井冈山精神？

我想，一是红军学校的土壤养育了他们，他们有责任更有义务宣传毛泽东和毛泽东思想，宣传井冈山精神。二是他们在新时代中，能够不忘初心、牢记使命，学习贯彻习近平新时代中国特色社会主义思想，教书育人的阵地不仅是在红军学校，还是社会这片广阔的天地。

其实，更缘于他们身后巍巍的井冈山。

1927年10月27日，毛泽东率领秋收起义受挫后的部队，在袁文才和王佐的接应下，来到井冈山，开创了中国革命第一个农村根据地，谱写了马克思主义和中国革命具体实践相结合的伟大篇章，演绎了一个个历史经典：水口建党，创建了第一个工农兵政府，朱毛会师，龙源口大捷，颁布了三大纪律、六项注意，提出了十六字游击战术，诞生了第一部土地法：井冈山《土地法》，诞生了两部著作：《中国的红色政权为什么能够存在》《井冈山的斗争》，初步形成了"农村包围城市，武装夺取政权"的井冈山道路。

《跨越百年的追寻——井冈山精神学习笔记100篇》这部著作，有很多独特的地方：一是不堆砌历史，而是在读史中思考，在时空中穿插；二是在史料中引证，在当事人中回忆；三是与时俱进，放眼新时代。作者不是专家但比专家更有说服力，作者不是作家，但比作家写得更感人。

中华民族伟大复兴，我们需要前仆后继的追寻者。

物质不灭，宇宙亦不灭。唯一能与苍穹比高低的是精神。我们历经苦难，但我们终将获得辉煌。井冈山精神是民族的脊梁。

是为序。

2021年3月

注：方强，全国红军小学建设工程理事会副理事长兼秘书长。

目录

一 历史选择

1. 毛泽东在安源领导秋收起义　　002
2. "退"成就了伟大的"进"　　004
3. 为有牺牲多壮志　　007
4. 莲花决策上井冈　　009
5. 三湾改编　　011
6. 大仓会见　　014
7. 八角楼　　018
8. 水口建党　　020
9. "现在来站队，我站第一个"　　022
10. "不拿老百姓一个红薯"　　024
11. "不是在娘肚子里就懂得马列主义"　　026
12. 你们目光太短浅了　　028

13	"枪杆子里面出政权"	031
14	没有调查，没有发言权	033
15	引兵井冈山	035
16	讲组织纪律	037

二　星火燎原

17	从南昌起义到井冈山会师	040
18	朱毛会师	044
19	声东击西——五斗江战斗	046
20	"红旗到底能打多久"	049
21	要了解农民，先要了解土地	051
22	"吃饭太难"与龙源口大捷	054
23	"看永新一县，要比一国更重要"	056
24	从"十二字诀"到"十六字诀"的游击战术	058
25	把党代表制度落实好	060
26	莲花全县一片红	062
27	宋乔生"很有功"	064
28	红色圩场打破了敌人的经济封锁	066
29	党代表刘型率萍醴游击营上井冈山	068
30	井冈山时期就建立了完备的共青团组织	070

三 曲折发展

31	永新联席会议,反对冒进湘南	074
32	上书湖南省委有理有节	076
33	"八月失败",杜修经"导扬其焰"	078
34	永新困敌后重返井冈山	081
35	"留却重任谁承受?"	084
36	黄洋界保卫战——"边界名战"	086
37	80个万安农民上井冈山	088
38	恢复根据地	091
39	红军队伍像座大火炉	093
40	"九月洗党",思想建党	095
41	在革命低潮时期加强党员干部培训	097
42	中央给前委的指示信5个月后才收到	099
43	"斗争的布尔什维克党"的建设,真是难得很	101
44	土籍的党,客籍的枪	103
45	井冈山老表的"埃政府"	105
46	"八月失败"后,红四军在宁冈整训了一个月	107
47	缺医少药,要求"送一些碘片来"	109
48	挑谷上坳,粮食绝对可靠	111
49	我党第一部《土地法》在井冈山颁布	113
50	开展调查是为了解农民、农村和土地	115

51	各阶层都起来了，井冈山红了天	118
52	"好在苦惯了"	121
53	井冈山办了个上井造币厂	124
54	士兵委员会健全了比另设政治部好	127
55	身在井冈山，放眼全中国	129
56	"我欲以之为榜样"	132

四　浴血奋战

57	柏露会议	136
58	上山伟大，下山也伟大	139
59	红五军坚守井冈山	142
60	小井有一块被鲜血染红的稻田	145
61	此是东井冈，会师天下壮	147
62	把列宁的建党学说发展得最完备	150
63	《星星之火，可以燎原》	154
64	红五军重返井冈山	156
65	袁文才、王佐为中国革命的胜利做出了贡献	159
66	"二七"会议	164
67	仅仅9个月实现了"一年争取江西"战略目标	166
68	笔杆子、枪杆子	168

五　人民英雄

69	朱德、陈毅：共产党人的参天大树	178
70	彭德怀：谁敢横刀立马，唯我彭大将军	186
71	王尔琢：井冈山"飞兵团长"	190
72	何长工：志身革命做长工	193
73	罗荣桓：政工巨匠	196
74	宛希先：井冈山上一尖兵	198
75	贺氏三兄妹	201
76	伍若兰：坚贞不屈"井冈兰"	205
77	谭震林：井冈山斗争时期的第一个工农兵政府主席	207
78	毛泽覃：创建了井冈山斗争时期的第一个农村党支部	209
79	陈毅安：红色情书与无字书	211
80	胡少海：在红军队伍中淬炼成金	215
81	朱云卿：不可多得的军事干部	217
82	张子清：红军中的"关云长"	219
83	刘仁堪烈士最后的"血书"	222
84	陈正人、彭儒夫妇：用意志与牺牲相濡以沫	224

六　百年追寻

85	从不会打仗到学会打仗	228
86	党代表制度不能废除	230
87	团结一切可以团结的力量	233
88	伟大的握手	238
89	道路从来都是曲折的	244
90	围魏救赵	248
91	把酒酹滔滔，心潮逐浪高	250
92	七提"上山"	252
93	八角楼的灯光	255
94	井冈山边界的交通信息何其难	257
95	在艰难困苦中前进	259
96	创建中央革命根据地	261
97	纪律是我们的生命	263
98	让井冈山精神放射出新的时代光芒	265
99	革命理想高于天	271
100	方向决定前途，道路决定命运	278

参考文献　　283
后　记　　284

一
历史选择

1 毛泽东在安源领导秋收起义

从1927年8月7日的八七会议到9月9日的秋收起义,34天历程,青年毛泽东激情满怀,历史的主动性在他身上体现得那么透彻。他有了中央特派员的身份,受命改组湖南省委并筹备秋收起义。

在长沙城外沈家大屋召开的湖南省委改组后的第一次会议上,毛泽东特别强调农民的土地问题、暴动后的政权问题、暴动的区域问题等等。

没有谁比毛泽东更了解农民,更了解土地。他是我党从事农民运动的专家,做过中央农委书记,做过中华农民协会临时执委会常委,做过农民运动讲习所所长,也写出了著名的《湖南农民运动考察报告》。

毛泽东是八七会议后第一个下乡调查的中央委员,他在长沙县清泰乡板仓做起了农民土地问题调查。1927年8月20日,毛泽东在给中央的信中写道:"我这回从长沙清泰乡(亲到)、湘潭韶山(有农民五人来省)两处的乡村农民调查中,知道湖南的农民对于土地问题一定要全盘解决。"

更让毛泽东清醒的是这次农村调查,他断定国民党的旗子真不能再打了,再打则会再失败。所以,在9月初安源的张家湾军事会议上,他再次明确提出:"这一次,我们要高高打起自己的共产党的旗子,国民党的旗子不能再打了。"

在安源,青年毛泽东第一次走到了真枪真炮的队伍中来,践行他"走遍四府,建立精兵数万"的革命理想。

安源张家湾,工人补习学校的教室里,围坐了潘心源(原浏阳县委书

一 历史选择

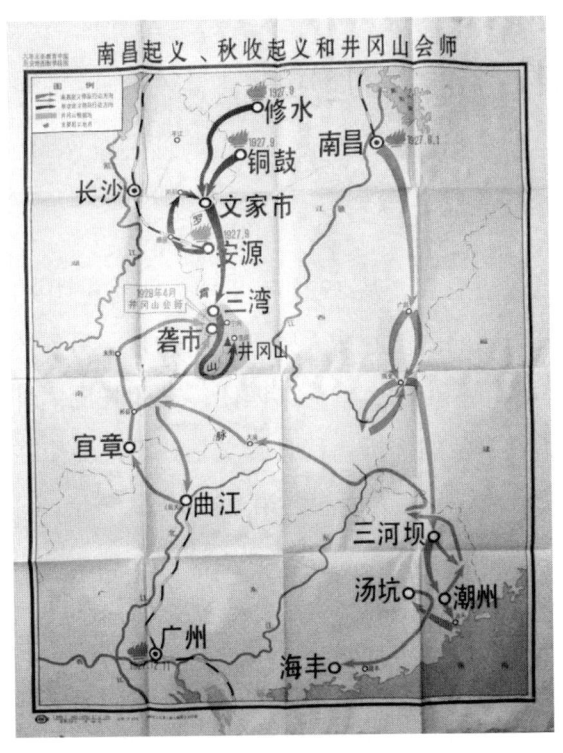

南昌起义、秋收起义和井冈山会师图

记)、蔡以忱(原安源市委书记)以及安源党组织的宁迪卿、杨骏、王兴亚等。秋收起义的详细计划在这间教室里诞生。

5000人队伍的行动,在这里谋定:第一团驻修水,团长钟文璋;第二团驻安源,团长王兴亚;第三团驻铜鼓,团长苏先骏。

毛泽东以前敌委员会书记的名义宣布:立即举行湘赣边界秋收起义。

用武装的革命反对武装的反革命!钢铁般的誓言从此在伟人毛泽东革命人生中开始实践。

2 "退"成就了伟大的"进"

秋收起义,已过近百年。从 1927 年 8 月 7 日到 9 月 9 日,仅 34 天的准备,就组成了三个团的队伍。让人感到可惜的是,另外还有争取过来的类似于土匪队伍的黔军一个团,编为第四团,其团长邱国轩的叛变,让秋收起义遭受一个始料不及的挫折。秋收起义是践行毛泽东在八七会议上提出的"枪杆子里面出政权"伟大思想的第一次尝试。

9 月 14 日黄昏,毛泽东率第三团撤到了浏阳上坪一个叫陈锡虞的农民家里,毛泽东一边以前委书记的名义,命令安源、修水、铜鼓三路军马向文家市集中;一边派人报告湖南省委,建议停止省城暴动。当时秋收起义时的师长余洒度(后来背叛革命)写下了一篇日记,这也给余洒度灰色的一生还留下了一点亮光,日记证明了毛泽东文家市抉择的伟大:"十九日抵文家市,距浏阳城九十里。度仍主张取浏阳直攻长沙(当时取浏有把握)。后以前敌委员会决议,以保存实力,应退萍乡。次日部队向萍乡退却。"

何长工回忆:"9 月 19 日傍晚,前敌委员会在里仁学校的一个大教室开会,我和杨立三作为会议工作人员,有机会了解一些会议情况,会开了一整夜,争论很激烈,余洒度等人坚持打长沙,毛泽东同志坚决反对打长沙,主张将部队转向山区和农村,他从学校借来一张地图,指着罗霄山脉中段说,我们要到这眉毛画得很浓的地方去当山大王。"

会场所有人惊愕:都到山上做大王去了,这叫什么革命?

当然,那时那刻的毛泽东还来不及向大家解释,山区农村敌人统治势

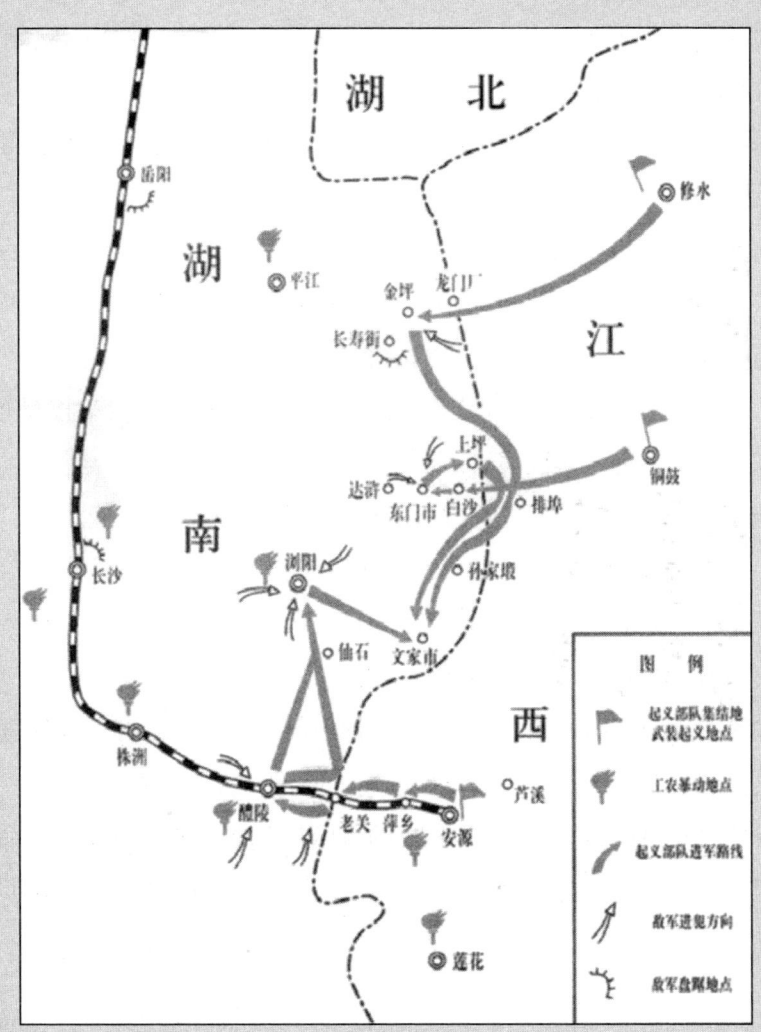

湘赣边界秋收起义部队集结与进军方向略图（1927年9月）

力薄弱，当前最要紧的是保存革命实力。

但他什么时候都会把革命行动引导到政治上来，否则就真与啸聚山林一样了。

毛泽东说："我们这个山大王，是特殊的山大王，是共产党领导的有主义、有政策、有办法的山大王，是代表人民利益的工农武装。"

毛泽东的话，深深地打动了共产党员卢德铭、余贲民、苏先骏等多数前委委员。

一间教室、一张借来的地图，见证了伟人毛泽东在历史关头的冷静与清醒、胆略与气魄，更见证了他不唯书、不唯上的行事风格。会议统一了步调与行动，为黑暗中遭受挫折的秋收起义部队找到了一条生路。

9月20日早晨，秋收起义队伍1500人在文家市里仁学校操场集合，毛泽东对部队进行号召性演讲。

当年12岁的湖南浏阳少年胡耀邦见证了这历史性的一幕。

毛泽东说，"这次秋收起义，虽然受了挫折，但算不了什么！胜败乃兵家常事。只要我们团结一致，依靠千千万万的工农大众，总有一天，我们这块小石头要打破蒋介石那口大水缸"。

20多年后的1949年4月23日，"钟山风雨起苍黄，百万雄师过大江"，中国人民解放军占领南京，真打破了蒋介石的"大水缸"。

"进"和"退"，是两个决然相反的目标和方向，"退"在中国革命中也不少，但正是毛泽东的伟大战略，灵活"进""退"，让"退"成就了更伟大的"进"。

一 历史选择

3 为有牺牲多壮志

毛泽东平生第一次来到的革命队伍是秋收起义时的第三团，当时驻在江西铜鼓，这个团的成员是以浏阳工农义勇队和警卫团的一个营组成，团长叫苏先骏，秋收起义的三个团的总指挥是卢德铭。

毛泽东的第一个军事助手、搭档是卢德铭，但很可惜，英勇善战的卢德铭在江西芦溪境内骑着一匹白马经过一片开阔地时，遭遇伏击，不幸中弹牺牲。

假如他不是骑一匹白马，或不是骑马，也许这个曾经被孙中山都称为"北伐楷模"的优秀指挥员，会躲过敌人那一枪。

但历史没有假如，共产党员也没有假如。卢德铭率秋收起义部队撤至萍乡上栗时，本想打算过萍乡去安源，继续南下，却在芦溪遭到了江西军阀朱培德部队的伏击，中弹牺牲，年仅23岁。

毛泽东痛失爱将，怀抱卢德铭尸体，痛骂战斗中侦察不力的三团团长苏先骏："德铭逝矣，断我左右臂呀，你还我卢德铭！"

失的不只是爱将，更是知己，在文家市退兵会议时，正是卢德铭力挺毛泽东"向萍乡退却"的决策。

卢德铭系黄埔二期毕业，1927年入党，北伐中在叶挺的独立团屡建奇功，孙中山称之"北伐楷模"。

革命一路，卢德铭也家书一路，足见这位钢铁汉子的家国情怀。

劝未婚妻："如果瑞勤真要等我，则我对她有几点要求：一要读书，二要革命,三不要缠脚。"

安慰父母:"因时局转变,为了不连累家庭,今后我暂时不寄家书,你们也不要来信,我没有钱寄回来。"

告诉兄嫂:"我不是不怀念家庭,其实我也想念兄嫂侄儿等,在梦中我曾发呓语,呼喊权一、少南,醒来时同志们笑我说,参谋长还在思乡呢!"

卢德铭,毛泽东伟大一生的第一个军事助手、搭档,牺牲时让毛泽东痛心的是卢德铭年仅23岁的青春生命,更让毛泽东疾首的是这是一位政治素养和军事素养那么完美的难得将才。

历数后来在井冈山斗争中,毛泽东身边的好几位军事将才,都不幸在战斗中牺牲,而且都是青春年华,这是让毛泽东所难以接受的。从井冈山到赣南,1929年月1月24日的"大庾战斗"中,二十八团党代表何挺颖,指挥部队转移,不幸身负重伤,26日的夜晚,又急行军,到达吉潭村附近遭敌人袭击,何挺颖壮烈牺牲,年仅24岁。

还有伍中豪,下山时,他是三十一团团长,1930年10月初,伍中豪带一个警卫排30余人从吉安陂头出发,前往横江渡,傍晚路过安福县城郊,突遭安福靖卫团600余人伏击,30人对的是600人,警卫排战士死伤过半,退至城郊亮家山,弹尽无援,伍中豪壮烈牺牲,时年25岁。

从井冈山开始,在22年的革命征程中,牺牲无时无刻不在身边。前一秒还在和战友对视,下一秒可能就与之永别。牺牲、就义,这些字眼,伴随着伟人革命的一生。人民英雄纪念碑上,毛泽东亲自起草的碑文,是对无数英烈的最好告慰:

三年以来,在人民解放战争和人民革命中牺牲的人民英雄们永垂不朽!

三十年以来,在人民解放战争和人民革命中牺牲的人民英雄们永垂不朽!

由此上溯到一千八百四十年,从那时起,为了反对内外敌人,争取民族独立和人民自由幸福,在历次斗争中牺牲的人民英雄们永垂不朽!

一 历史选择

4 莲花决策上井冈

江西莲花县宾兴馆，是一座始建于清朝道光五年的教育堂馆。毛泽东在1927年9月25日率秋收起义部队进入莲花县，将师部和前委设在这里，"莲花决策上井冈"，改变了这支队伍的命运，也改变了中国革命的命运。

历史仓促在这里路过，但决策从来不仓促，而是水到渠成。

历史有记载的是，毛泽东曾经7次提出"上山"。1927年6月，毛泽东在武汉召开"马日事变"后的一次会议，毛泽东就说"我们在山的上山，靠湖的下湖，拿起枪杆子保卫革命"。1927年7月4日，中央政治局会议，毛泽东更加明确地说，"我们'上山'以'造成军事势力的基础'"。

1927年的八七会议，毛泽东把"上山主张"与"夺取政权"的中国革命伟大目标联系起来，他还铿锵有力地指出："须知政权是由枪杆子中取得的。"

当然，当时的"上山"并不是日后的井冈山，而是湘南。毛泽东在《湘南运动大纲》中说："以汝城县为中心，由此中心进而占领桂东、宜章、郴州等四五县，成一政治形势，组织一政府模样的革命指挥机关，实行土地革命。"

在莲花县宾兴馆，毛泽东听取了当时莲花县党组织负责人朱亦岳的介绍，毛泽东胸中酝酿已久的"上山"明朗化了。

这种决心和信心来自哪里？一封信，两个人。信是江西省委的一封指示信，带信人是当时18岁的宋任穷。宋任穷1974年回忆："我走了以后，

宾兴馆毛泽东旧居

毛委员来到铜鼓，领导部队举行秋收起义，我到南昌见到了当时的省委书记汪泽楷、省委秘书长刘士奇。汪泽楷看了我带去的信，他回了一封信，并口头对我讲，你们在莲花县一带行动，宁冈县有我们党领导的武装，有几十条枪，其他的事，我都信上写了。"

1926年9月，袁文才率领自己的县保卫团起义，宁冈县（今井冈山市）党组织负责人龙超清等发动劳苦农民暴动，攻下了宁冈县反动政府。从此，袁文才的马刀队获得了新生。11月，袁文才加入了共产党。

所以江西省委书记汪泽楷说"宁冈县有我们党领导的武装"。

另一个人是王佐，1927年1月，王佐的绿林武装，编为遂川县农民自卫军。

"马日事变"后的袁文才、王佐一共拥有60支枪，成为井冈山边界两支有力的农民武装。

在莲花宾兴馆，毛泽东上井冈的决策，把井冈山和一支军队、一个政党、一个民族、一个国家的命运，紧密地联系在一起。

朱德1962年重上井冈山，题了"天下第一山"，指的不是井冈山的海拔，而是政治高度。

5 三湾改编

今天我们讲到三湾改编,很多人都了解它的辉煌意义,但对其原委,特别对部队当时面临的困境,却知之甚少。

三湾改编犹如毛泽东伟大革命生涯中的一件艺术杰作,从不同侧面去解读,都会让人深感毛泽东的创造之伟大。

秋收起义部队于 1927 年 9 月 29 日到达三湾,三湾是永新、宁冈、茶陵、莲花四县交界处的一个小山村,毛泽东很多故事都与中国大地上那些当年名不见经传的小村镇结缘。像三湾改编的江西永新三湾,长征路上改变长征路线的贵州扎西,还有指挥三大战役的河北西柏坡等,小村镇改写了大历史。

秋收起义到三湾,队伍数字不断减少,起义时 5000 人,文家市退兵时 1500 人,芦溪战斗后 1000 人,到三湾时仅剩 700 人。

队伍结构在变化,官多兵少。

队伍纪律也在变,打骂士兵、侮辱士兵现象日益增多。

队伍情绪也在变,悲观动摇、情绪急躁、信心丧失的苗头不断滋生。

开国将军赖毅回忆,"芦溪受挫后,部队弥漫着一股消沉的情绪,许多知识分子和军官出身的人,看到失败似乎已成定局,纷纷不告而别,有些小资产阶级出身的共产党员,也在这时背叛革命"。

开国将军张宗逊说得更直一些,"减员大,病号多,特别是当时政治思想工作薄弱,军心涣散。这些都是毛泽东在三湾村'协盛和'杂货铺里开会，下决心对部队进行改编的直接原因"。

仅有这些还不能促成毛泽东在三湾改编，还必须有时间。

时间是五天，从9月29日至10月3日。

能够争取到这五天时间，是毛泽东基于当下形势的敏锐判断。

一个判断是，朱培德在芦溪重挫这支队伍后，认为这支队伍已"不堪一击，飞鸟散尽"。毛泽东料定"追剿"部队到萍乡后不会南下。

另一个判断是，湘敌纠结于"李唐战争"，无暇顾及这支在狭缝中求生存的秋收起义部队。

三湾改编怎么"改"？

开国元帅罗荣桓在《秋收起义与我军初创时期》中描述，"首先是整顿组织，一个师缩编为一个团，改称中国工农革命军第一师第一团，实际上只有2个营7个连"。

三湾改编最耀眼的地方，是"支部建在连上"。党组织成了大家看得见的堡垒。班排有党小组，营团有党委，连以上单位有党代表。

罗荣桓回忆："党代表工作就是，专做党的工作，做士兵的政治思想工作，指导士兵开展群众工作。"

毛泽东说："我们的原则是党指挥枪，而决不容许枪指挥党。"

三湾改编，毛泽东的另一个"创造"就是建立"士兵委员会"制度。

反动统治阶级的部队，有着严格官兵等级关系，导致官兵严重对立，这在战场上的表现最明显，国民党军官是"弟兄们，给我上！"共产党军队是"同志们，跟我来！"

"士兵委员会"建立初期就有了普通战士简直不敢相信的事实：军官做错了事或发出不合理的指令，要受到士兵委员会的批评，甚至制裁。

陈毅在1929年9月11日向中央的《关于朱毛军的历史及其状况的报告》中有对毛泽东三湾改编的详细描述：

一 历史选择

《井冈山的斗争》雕塑：红军所以艰难奋战而不溃散，"支部建在连上"是一个重要原因

全连士兵选举5人至7或9人组成连士委会，推举主席1人。
全营士兵选举11人至13人组成营士委会，推选主席1人。
全团士兵选举17至19人组成团士委会，推举主席1人。
全军士兵选举19人至21或23人组成军士委会，推举主席1人。

"士兵委员会"制度对干部是锻炼与改造，对士兵是团结和信任，"民主"二字看得见，摸得着，所以毛泽东说，"红军的物质生活如此菲薄，战斗如此频繁，仍能维持不敝，除党的作用外，就是靠实行军队内的民主主义。"

"红军所以艰难奋战而不溃散，'支部建在连上'是一个重要原因。"1928年11月25日，毛泽东在《井冈山前委给中央的报告》①即《井冈山的斗争》中如是说。事实证明，哪个连党代表较好，哪个连就较健全些，党代表制度不能废除。

---

① 《井冈山前委给中央的报告》是1928年11月25日毛泽东代表红四军前委给中共中央写的一份报告。报告总结了井冈山根据地一年多武装斗争的实践经验，正确阐述了如何把党的领导、武装斗争、土地革命和根据地建设紧密地联系起来创建红色政权的思想。中华人民共和国成立后出版《毛泽东选集》时，此报告改题为《井冈山的斗争》。

6 大仓会见

毛泽东革命生涯中领导过很多次战略转移，其中也有未能实现预先设计目的的，秋收起义受挫后的转移就是根据实践的变化而做出的改变。张宗逊回忆，文家市退兵没有提出到井冈山搞根据地，部队的实际行动也没有向井冈山进军，当时还想往主力即向南昌起义部队靠拢。

是什么促成了逐渐明朗化向井冈山进军？是敌情。敌变我变，不断在实践中改变行军路线和目的地。这一点，在后来的长征中体现得尤为明显：从中央苏区出发进行战略转移，最先计划是到湘西和红二、红六军团汇合，在黎平会议后改为向黔北遵义地区，遵义会议后改为向川西，会理会议改为向川西北，两河口会议改为向川陕甘，毛儿盖会议改为甘南洮河流域，俄界会议改为向东发展，直到打了直罗镇战役，在榜罗镇会议上毛泽东才最后下决心到陕北落脚，革命大本营落在陕北。

在实践中灵活改变行军路线，选择最好的目的地。这恰恰是毛泽东思想中最耀眼的"灵活变通"哲学，所以何长工说，"向井冈山进军，这也是在实践中一步一步认识到的"。

莲花决策上井冈山，事情并不是顺风顺水，远远比毛泽东在三湾改编前调查研究复杂得多。

在莲花宾兴馆，莲花县党组织负责人朱亦岳介绍了袁文才、王佐的情况，在秋收起义之前的安源张家湾军事会议上，二团团长王兴亚也曾介绍过袁文才、王佐的情况。

大仓会见旧址

这个现实和毛泽东"上山结交绿林朋友"的革命理想有了吻合。

于是1927年9月29日,毛泽东在三湾村"协盛和"杂货铺里,研墨提笔,书信一封给袁文才。

袁文才总指挥拜鉴:

久闻大名,难得幸会,为工农革命打土豪惩劣绅,奉上标语数条,为我军宗旨,择日拜访,愿同贵军结为友好,联合一致,共对反动军阀。

中国工农革命军　毛泽东

送信人是三湾村青年党员李立,新中国成立后曾任江西吉安地委书记。袁文才于1929年10月2日回信一封,送信人是宁冈县党组织负责人龙超清和陈慕平、龙国恩。

毛委员：

敝地民贫山瘠，犹汪池难容巨鲸，片林不栖大鹏，贵军驰骋革命，应另择坦途。

敬礼！

袁文才 叩首

毛泽东阅信不为所动，不改"上山"初衷。共产党员龙超清在努力为毛、袁相会架起桥梁，龙超清建议毛泽东将部队开到宁冈县境内古城，再安排袁文才与毛泽东见面。

1931年8月10日的《民国日报》对几年前的这段历史有段描绘：十月间毛泽东突自萍乡败来，邑中共党谢汉昌、陈慕平曾在广东时为毛之学生，得讯遂介绍袁文才前往迎接。

《宁冈土豪陈家骏等报告该县红军活动情况》中又称：无袁文才焉能勾引毛泽东，无毛泽东焉能引来朱德。

敌伪资料反面看，毛泽东当年这步棋影响之大之广足以见之。

在古城联奎书院，毛泽东说："袁文才同志是非常革命的，他经营此间已有多年的基础和经验，我们决定和袁同志在一起。"史称古城会议，定政策，稳人心。

大仓会见，袁文才有心，毛泽东用心。

当年还是青年学生，大仓会见时帮袁文才站岗的苏兰春，在新中国成立后的回忆录中写道：

大仓会见是寒露前两天，即10月6日，毛委员是由古城至砻市，由砻市经茶梓冲进来的，共来7个人5匹马。有的穿大衣，有的穿长衣，毛委员披了一件大衣，袁文才当时不了解毛委员的部队，心里有点怕，预先在林家祠堂里埋伏了20多个人，20多条枪，这20多人始终没有被毛委员发现。袁文才、陈慕平、邱凌岳、李筱甫等在林家祠门口石桥上等候毛委

一 历史选择

员,在石桥上可以看得很远,如果发现毛委员带兵来,便命令祠堂的人马准备战斗,后来见毛委员只带了几个人来,便迎了上去,一直带到林风和家。吴石生在林家祠门口杀猪迎接毛委员,毛委员在林风和家吊楼上边吃瓜子花生、喝茶,边和袁文才等人谈话。

大仓会见,如果说是伟人毛泽东在用心化解袁文才居心叵测的一场"鸿门宴",倒不如说毛泽东用伟人的度量和智慧进行了革命历史上一场险象环生的统战工作。

毛泽东说:"什么是统战工作,就是把敌人搞得少少的,把我们队伍搞得大大的。"毛泽东从来都是把最深奥的革命道理用最简单的语言描述出来。

毛泽东送给袁文才100条枪,袁文才送给毛泽东1000块大洋。

10月7日,毛泽东把队伍开到了茅坪。谭震林回忆说,"到了茅坪,就安了家,从此有了后方留守处,有了后方医院"。

当年士兵代表熊寿祺回忆:"三湾改编后,工农革命军只有两营人,没有袁文才答应,我们是进不去的,就是进去了,也难站住脚。"

大仓会见,毛泽东的智慧尽显其中。

7 八角楼

1984年7月28日，贺敏学重上井冈山。在八角楼瞻仰时，他感慨万千："马日事变后，袁文才把我们从监狱里救了出来，我就住在楼上。主席来了以后，我就让给主席住。"57年前发生的事情，贺敏学仍记得清清楚楚。

新中国成立后，毛泽东夸贺敏学曾有"三个第一"："当年在永新搞暴动第一，上井冈山第一，过长江第一。"过长江时贺敏学是三野九兵团二十七军副军长兼参谋长，是二十七军七十九师二三五团一营三连五班的战士第一批送贺敏学过长江，伟人毛泽东对他的这位井冈山战友了解得很清楚。

贺敏学是否记得毛泽东初进茅坪的"盛况"？袁文才动员茅坪老表用当地叫作"砻"的农具彻夜砻谷，几十个妇女代表把茅坪一带的攀龙书院、各种族产打扫得干干净净。鸣放18杆抬铳，震彻山谷，唱了三天大戏。袁文才为毛委员准备了客家的"三新"：新轿子、新衣裳、新布鞋。

但毛泽东只穿了那双新布鞋，迈着健步走进茅坪。

毛泽东住进了八角楼，楼主人叫谢池香，是个老中医，毛泽东一边在这里医脚伤，一边在这里静下心来开始了更伟大的思考。

两年零4个月的井冈山斗争中，毛泽东在井冈山地区战斗、工作、生活了一年零3个月，很长一段时间住在八角楼，在八角楼里写下了两部光辉著作《井冈山的斗争》《中国的红色政权为什么能够存在？》。

八角楼和古田会议旧址、遵义会议旧址、延安杨家岭窑洞、宝塔山等

一　历史选择

毛泽东旧居——八角楼

这些特殊的历史建筑一起，构成了中国革命一路征程的驿栈。

为什么在八角楼毛泽东能静下心来思考？

当时的前委秘书谭政回忆：

> 部队在转移中，每天总是天未亮就出发，直到黄昏以后才宿营，经平江、浏阳、铜鼓、莲花，到达永新的三湾村，休息了三天，着手改编部队，这算是红军发展历史上的一个难点，自从长寿街战斗失利后，湖南的敌人拼命地跟在我们后面追赶。总想把我们这些革命的种子弄得精光。民团、保安团也来欺负我们，沿途不准我们借路，当时，疲劳、困苦、饥饿、惊慌的情绪充满了部队。加上疾病、痢疾传遍了每个战士，三湾改编以后，把伤病员放在茅坪，找到了一个落脚点，才有个安身之处。

毛泽东在1927年10月13日离开茅坪经古城、砻市到酃县水口，再到遂川大汾圩，游击一个月后又回到了八角楼。

毛泽东说："现在我们有了家，就不要乱跑了，要在这里发家。"

8 水口建党

1965年5月22日,毛泽东重上井冈山,途经湖南酃县,毛泽东看着窗外,对身边干部说:"那是水口,井冈山革命时期的第一次建党活动就在那里,水口是个好地方。"

此时的毛泽东是否会想起三湾改编后师长余洒度、团长苏先骏这两个逃跑的家伙呢?

当时,毛泽东率部在茅坪住了下来,袁文才说:"既然来了,就有福同享,有难同当,粮食和伤病员我负责,但是宁冈钱有限,你们要到茶陵、酃县、遂川的大汾去筹款子。"

毛泽东打游击,为的是解决吃饭穿衣问题,当然还有更重要的任务是发动群众。1927年10月13日来到酃县十都,不久后移师附近的水口。

三湾改编后的一团二连排长谭希林亲历了叛徒余洒

水口建党现场再现

一 历史选择

度、苏先骏脱队经过：在水口时（1927年10月中旬），部队的司令部住在朱家祠，我们这个排住在离水口三四里的一个亭子里，担任酃县方向的警戒任务。到水口的第三天，师长余洒度和三团团长苏先骏开小差，经过我们的岗哨，被我们拦住了，问他们到哪里去？他们说："我们要走，是毛委员允许我们走的。"我们说："没有证明不能通过。"

谭希林报告了毛泽东，毛泽东说："他们要走，就让他们走吧！"

毛泽东这个观点在三湾改编时，他就说得很明白，"革命要靠自愿，愿走的走，愿留的留，走的去领5块银圆作路费，留的跟我上井冈山。"

志不合，道就不同。1971年9月13日，林彪叛逃，周恩来报告毛泽东，毛泽东几乎和44年前说的一样："天要下雨，娘要嫁人，随他去吧！"

但共产党的队伍里信仰坚定者如同大海，那些叛徒只是沧海一粟。

再大的官职无法逼迫别人革命，更无法逼迫别人不革命。

林彪叛逃没能带走一个警卫员，张国焘叛逃也没带走一个警卫员。

张国焘的贴身警卫员张海返回延安对周恩来说："我是一个共产党员，难道他不革命，我也不革命了吗？"

伟人毛泽东从三湾改编时就强调思想建党、政治建军，连队伍里的警卫员都有这个高度的革命自觉性。

但回到1927年的10月15日，师长余洒度、团长苏先骏的叛逃，不能不引起毛泽东的深思，他要巩固三湾改编的成果。当天上午，毛泽东召集各营连党代表研究决定首批吸收入党的工农士兵人选。当晚，在水口叶家祠后厅小阁楼，一张农家方桌，四条板凳，一盏马灯，方桌横垂两张红纸，上面分别写着入党誓言和中国共产党英文缩写"ＣＣＰ"三个字母。

毛泽东领誓，"牺牲个人，努力革命，阶级斗争，服从组织，严守秘密，永不叛党"。

宣誓人：赖毅、陈士榘、李恒、欧阳健、刘炎、鄢辉6人。

9 "现在来站队，我站第一个"

1956年9月，毛泽东在八大预备会议第二次全体会议上讲话，诚恳地说自己也"犯过错误""打过败仗"。

毛泽东的坦荡，更彰显了他真实的伟大的革命胸怀。

1927年10月，毛泽东率领工农革命军主力4个连：团部、三营一连、一营一连、特务连，到达遂川西部大汾镇，继续游击，发动群众。

遂川靖卫团反动团总，人称"肖屠夫"的肖家璧，扬言：不准驻扎，否则，拔刀相见！

这种威胁与恐吓，工农革命军司空见惯。

当夜，大汾镇一片空旷的稻田里，熟睡的工农革命军突然遭到肖家璧反动团丁400余人的袭击。

地形不利，情况不熟，仓促应战。毛泽东的团部与各个连被打散。

三营余部在张子清、何挺颖、伍中豪率领下辗转到湖南桂东一带，12月才回到茶陵和毛泽东会合。

团部30余人在毛泽东率领下返回井冈山。

开国大将谭政回忆说，部队回到井冈山黄坳，路过一座桥，大家坐在桥上垂头丧气，大家都吃了饭，毛委员还没有吃，好不容易从老乡家里买来一小桶饭，没有碗筷，毛委员用手抓着吃，饭后见大家还稀稀拉拉，毛委员说："现在来站队，我站第一个，曾连长喊口令。"

桥叫雁塔桥，连长叫曾士峨，这就是历史上的"排头兵"的故事。

一 历史选择

雁塔桥（黄坳战斗遗址）

关键时刻，党员干部站前排，毛泽东在井冈山时就已创造。

从秋收起义后上井冈山，毛泽东和他领导的这支队伍，有好几次类似这样的境况，队伍吃了败仗，但士气不能败，队伍的人数减了，但党的力量不能减。甚至在1927年10月，师长余洒度跑了，团长苏先骏跑了，但党的中心还在，党的堡垒还在，前委书记毛泽东就是党的中心，各连的支部就是党的堡垒。哪怕在三湾改编的时候，从秋收起义前的5000人，到受挫后的1500人，到站在三湾的枫树坪的700人，毛泽东还是有信心，他说："贺龙两把菜刀都拉起了一个军，我们还有几百号人，还怕做不起来吗？"他那时虽然不是站在前排，但站的位置是队伍的最前方、最中心，也是每一个角落都能听到他的铿锵之声的地方。排头兵就是旗帜，就是方向，就是意志。

10 "不拿老百姓一个红薯"

人人皆知"三大纪律,八项注意",但很少人知道最早的"三大纪律,八项注意"竟与红薯有关。

1927年10月,毛泽东要率部进入王佐的地盘大井,见了王佐的联络员朱持柳,将部队集中在荆竹山雷打石边的草坪上。

每次队伍出发,毛泽东都要动员讲话。

在文家市出发,毛泽东讲,"总有一天,我们这块小石头,要打破蒋介石那口大水缸"。

在三湾出发,毛泽东讲:"敌人只是在我们后头放放冷枪,贺龙两把菜刀都拉起了一个军,我们还有几百号人,还怕做不起来吗?"

在荆竹山出发,毛泽东讲什么?讲纪律。他为了部队上山后能与王佐部搞好关系,防止违反纪律的事情发生。

毛泽东说:"我们要上井冈山了,要在那里建立根据地,大家一定要和山上群众搞好联系。第一,行动听指挥;第二,筹款要归公;第三,不拿老百姓一个红薯。"

纪律与老百姓息息相关。

毛泽东在井冈山很多重要讲话,包括红军口号,党史上记载,他都亲力亲为。

时任遂川县委书记陈正人拟好了《遂川县工农兵政府临时施政大纲》,"破除封建婚姻,解除封建聘礼"。"太斯文,老表听不懂。"毛泽东说,随

荆竹山雷打石

后他挥笔改成"讨老婆不要钱"。"不能虐待儿童",毛泽东一笔划掉,改成"大人不能打小孩"。

情相同,理相同,但前者生疏难解,后者一看就明白。

1928年2月,部队来到湖南桂东沙田一块名为八担丘的稻田边,毛泽东将"不能拿老百姓一个红薯"改成"不能拿老百姓一点东西"。

1928年1月24日,打下遂川县城,在郊外李家坪,毛泽东又补充了六项注意。

"上门板,捆铺草,说话和气,买卖公平,借东西要还,损坏东西要赔。"

1929年1月红四军下井冈山以后,在赣南红四军又出台了两项纪律"洗澡避女人,大便找厕所",最后,"三大纪律,六项注意"演变成了"三大纪律,八项注意"。

当时的纪律内容都显通俗,甚至是粗俗,但缘于老百姓的认知水平、队伍文化的素质,部队的纪律就是要让战士听得懂,让老百姓听得懂。

纪律在革命的实践中逐渐完善,成为我党建军原则的重要组成部分。

11 "不是在娘肚子里就懂得马列主义"

1941年5月19日,毛泽东在延安高级干部会上作了《改造我们的学习》重要报告,它和《整顿党的作风》《反对党八股》成为毛泽东关于延安整风运动的重要著作。

从1927年到1941年,共产党领导的这支军队,无论从政治思想、军事技术等各种素质,历经井冈山斗争、中央苏区五次反"围剿"、历时一年的长征,粉碎了张国焘的分裂阴谋等等,饱经风霜,历尽风雨,不断成熟。一路走过,毛泽东始终坚持党的正确路线为指导,领导这支伟大队伍。

其实早在井冈山时期的1927年12月底,毛泽东在宁冈就办起了党的第一个军校,培养和训练各级军队指挥人员和地方干部。这所军校叫"军官教导队"。

地点在井冈山下的宁冈——龙江书院。这所书院建于1840年,原是附近三县(宁冈县、茶陵县、酃县)客家人自筹创办的私塾。

1982年,谭震林重上井冈山,他回顾了红军军官教导队开学时毛泽东的动员讲话。

毛泽东说,"同志们,军官教导队今天正式开学了,这是件值得庆贺的事情……从今天起,你们就要在这里学政治、学文化、学军事。人,不是在娘肚子里就懂得马列主义,懂得用兵打仗的,所以要学习,但要在短期内学好,也不是一件容易的事,这需要有移山倒海的气魄,我们共产党人闹革命,推翻军阀政府,消灭封建剥削,完成土地革命,也是一件不容易的事，也需要有移山倒海的气魄"。

吕赤，四川人，黄埔四期毕业生，是毛泽东首选的军官教导队大队长，很可惜的是，这位我军早期优秀指挥员牺牲于1928年2月间的一次意外的手枪走火。后来是梁军接任大队长，副大队长周子昆，党代表蔡会文。陈士榘、张令彬、陈伯钧都担任了当时的各小区的区队长。

龙江书院

宁冈县的谢华光结业后任县赤卫大队大队长。

莲花县的刘仁堪结业后任县工农兵政府主席。

"不是在娘肚子里就懂得马列主义"，毛泽东对这些来自旧军队，来自农民，来自工人的学员讲的是学习方法，讲的是学习态度，讲的是学习目的。在毛泽东13岁那年，他和弟弟毛泽民以及一个亲戚家的小孩去堂叔家，堂叔问他们三个人做学问是为什么，毛泽东的回答让堂叔意外，毛泽东说，"我要做掀天揭地的人"。学习的志向与社会、国家的命运相连。即使是井冈山斗争期间，毛泽东也是手不释卷。到中华人民共和国成立后，他读过的典籍也是朱墨纷呈，圈圈、点点，写批注，后人无不折服。做学问与实践相接，毛泽东更是典范。

毛泽东在《改造我们的学习》谈到，"读书是学习，使用也是学习，而且是更重要的学习""从战争中学习战争，这是我们的主要学习方法"。从有字书到无字书，又从无字书到有字书，我们今天叫理论联系实际，是每一个党员干部和群众自我提高的一条好途径。是从娘肚子里到活生生的世界的质的变化。

12 你们目光太短浅了

今天很多人上井冈山，都会听到两个耳熟能详的名字：袁文才和王佐。当年井冈山斗争时期，袁文才、王佐到底厉害到什么程度？

谭震林说："没有他们两个人，建立井冈山根据地是不行的。"

杨得志说："如果他们反对我们，我们是站不住脚的。"

袁文才于1926年10月成立了宁冈县农民自卫军人民委员会，1926年11月加入共产党。1927年，他的马刀队赶走了宁冈县三任反动县长。

袁文才很快走上革命道路，和他早年经历有关。

一是在永新禾川中学读书接受了进步思想，结识了共产党员永新籍的王怀、刘真、贺敏学等几个人。

二是辍学回家以后，因为结识宁冈半冈山的绿林胡亚春，帮助胡亚春马刀队做了事，献了策，因而遭致当地土豪的报官、捉拿、杀母、占妻，逼上梁山。

三是在宁冈县共产党员龙超清、刘辉霄几个人的劝说下，接受宁冈北洋反动政府的"招安"，招安是假，等待时机暴动是真。

成立了农民自卫军，但绿林习气很重，大块吃肉，大碗喝酒，老子天下第一，只信仰个人，不相信群众。

所以当时工农革命军队伍里在古城定策时有人说："上山解除他们的武装，他们那几十条枪，一包围缴械就完了。"

毛泽东态度很明朗，也很坚决：你们太狭隘了，度量太小了，目光太

一 历史选择

短浅了,不能去看十几个人、几十条枪的问题,是个政策问题,对他们只能用文,不能用武。

是毛泽东让袁文才部队改造成了一支真正的革命武装。为了改造好袁文才和他的马刀队,毛泽东派了游雪程、徐彦刚、陈伯钧、金蒙山到袁文才的部队帮助工作。

陈伯钧回忆:我们去了以后,就将他的兵集中在步云山练兵,练兵期间,着重进行政治教育和军事训练。政治教育内容主要是讲时事,讲形势,讲革命出路问题,军事训练着重练习射击和基本队列等。

陈伯钧说:毛泽东到袁文才部队看望大家,和大家一起吃苦菜,战士们深深敬佩毛委员。

毛泽东说:苦菜虽苦,但有丰富的政治营养呢,我们干革命,就要吃得苦,没有今日苦,哪有明日甜呀!

袁文才对此深有感触:毛委员带兵真神,是个中央才,我服了他,跟着他是有出息的。

但王佐和袁文才有些不同。

一是他没有文化,乡下裁缝出身。二是他的队伍绿林习气更重。三是王佐当时没有入党。他是1928年4月才入党。

何长工从广东韶关回到遂川,毛泽东正在遂川打游击,时为1928年1月上旬。毛泽东当即派何长工去王佐部队协助工作。

何长工是留法回来的知识青年,当年叫何坤,毛泽东说:名字太显眼了,你做过北京长辛店工人,以后也要做革命的长工,改名叫何长工吧!

毛泽东帮队伍里很多战士改过名,成为一种激励,更是一种厚望,像历史上的黄永胜,也是毛泽东寄希望于这名当年的井冈山小战士永远向前得胜利。

何长工临危受命有些担忧。

他回忆说:"听说要我上山,心里有几分犹豫,显然王佐部队跟袁文才部队一样,打的都是农民自卫军旗号,都有劫富济贫、反抗旧势力的进步性，但阶级观念模糊，游民习气很重，而且王佐不是党员，是蛮牛，我单枪匹马一个人，怎能完成这个艰巨任务呢？"

毛泽东化解何长工的纠结：不要怕，边工作边学习，不入虎穴，焉得虎子？

何长工毕竟领会了毛泽东"不缓不急"的改造方针，三招让王佐彻底地改造成功，于1928年4月经何长工介绍加入了中国共产党。

一是何长工善待王佐老母范辰妹，王佐是个孝子，何长工常常帮老人挑水、劈柴、烧火、做饭，用诚心感动范老太太，让她在王佐面前说了不少好话。

二是何长工和王佐的心腹参谋刁飞林交心交友，用真心取得了刁飞林信任，让他也在王佐面前说了不少好话。

三是何工长出谋划策，协助王佐消灭了他的宿敌尹道一。尹道一是井冈山下拿山乡的反动团总，杀了王佐的侄女，和王佐积怨如水火不容。

毛泽东见何长工的工作初见成效，又增添了宋任穷、康健、肖万侠去王佐部队开展工作，成立了士兵委员会。

王佐对毛泽东说："从此以后，我王佐跟定了共产党，刀山火海不含糊。"

历史上的1928年2月13日，毛泽东将袁文才、王佐两支队伍集中到黄洋界脚下的大陇镇朱家祠，将两支队伍升编为工农革命军第一军第一师第二团。

团长袁文才，副团长王佐，党代表何长工，共500余人。

成功改造了袁文才、王佐绿林地方部队，可以说是毛泽东在井冈山立足的又一成功杰作，也为后来共产党改造地方武装做了铺垫。

"你们目光太短浅了"，毛泽东讲的是这支队伍的指挥员，井冈山时期，毛泽东对指挥员，对干部，特别是对党代表从来都是高要求，因为他们是代表党的政策，代表党的方向，不单单是能认几个字就行，做事讲策略，打仗求胜利，在实践中总结，在战斗中总结。所以，毛泽东总结道："在井冈山斗争中，正是从争取袁文才、王佐的支持，到在根据地发动群众、发展生产，中国共产党才逐渐赢得威信，解除了一个又一个的危机"。

13 "枪杆子里面出政权"

在井冈山，毛泽东创造了"工农武装割据"，割据的目的是什么？是创建根据地。创建根据地目的是什么？是建立红色政权，让老百姓当家做主。为人民谋幸福，这才是毛泽东的雄才大略。

从毛泽东总结出"枪杆子里面出政权"的伟大思想那一天起，毛泽东就十分注意红色政权的建立与建设。

在井冈山，枪杆子里面出了政权。

第一个红色政权是茶陵县工农兵政府。

1927年10月21日，宛希先率一营的二连和三连占领了茶陵城，11月18日再次占领茶陵。

谭梓生，一个大革命时期做过安徽旌德县县长的二连副连长，被队伍推举为茶陵县县长。

让历史遗憾，甚至有些可笑的是，这个副连长当县长后一切照旧，击鼓升堂，团长陈皓也沉迷于打下茶陵后的享乐。

宛希先一纸飞信报告毛泽东。

毛泽东说："新的政权不能按国民党那一套搞，要成立工农兵政府，发动群众开展斗争。"

1927年11月28日，湘赣边界第一个红色政权，茶陵县工农兵政府成立。

主席谭震林，农民代表李炳荣，士兵代表陈士榘。

1928年1月24日，遂川县工农兵政府成立。

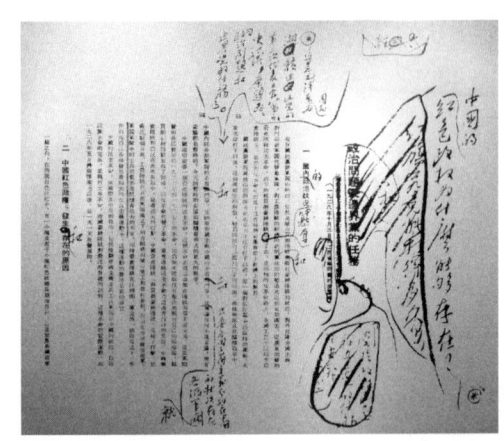

毛泽东亲笔修改的《中国的红色政权为什么能够存在？》的清样（部分）

毛泽东推举了泥腿子县长。毛泽东说："这位就是你们的县长，叫王次淳，前几天还在挑大粪，今天就来当县长。但革命光靠一个县长不行，还要靠大家团结，一根稻草，一拉就断，把稻草拧成一股绳，就不容易断了。"

毛泽东说话通俗不缺幽默，连修改陈正人拟好的《遂川县工农兵政府临时施政大纲》亦是如此。他将"不准虐待儿童"改为"不准大人打小孩"；将"废除封建聘礼"改为"讨老婆不要钱"。

1928年2月21日，宁冈县工农兵政府成立。

又一位泥腿子"县长"——文根宗。

毛泽东介绍："今天的大会，是个胜利的大会，从此宁冈人民有了自己的政府，贫苦工农就要当家做主了，文根宗同志活捉了反动县长张开阳，立了头功，从今天起，他就要担任工农兵政府主席。"

茶陵县、遂川县、宁冈县工农兵政府先后成立，毛泽东"枪杆子里面出政权"伟大思想第一次在井冈山革命斗争时期实现。

1928年10月5日，毛泽东写了《中国的红色政权为什么能够存在？》，文中指出，"不但小块红色区域的长期存在没有疑义，而且这些红色区域将继续发展，日渐接近于全国政权的取得"。

14 没有调查，没有发言权

1941年3月17日，延安出版了毛泽东的《农村调查》，毛泽东亲自撰写"序言"和"跋"。

毛泽东看问题常常一针见血，他说，"现在我们很多同志，还保存着一种粗枝大叶、不求甚解的作风，甚至全然不了解下情，却在那里担负指导工作，这是异常危险的现象"。

没有调查，就没有发言权，毛泽东掷地有声，在1927年的井冈山，战事那么频繁，物质那么匮乏，毛泽东仍然注重调查、落实调查。

当年井冈山下的宁冈县组织部部长刘克犹回忆说，"1927年11月期间，井冈山根据地刚刚诞生，毛泽东安排好工农革命军攻打茶陵去了，毛泽东因为脚伤没有随行，就在步云山附近的洋桥湖、坝上一带搞社会调查"。

当年永新的老干部李步陵也曾回忆："1928年2月，毛泽东又从井冈山率领红军来到永新秋溪开展群众运动，帮助永新县委开展工作，毛泽东到秋溪乡后，深入群众，访问贫农，又和县委的同志经常研究工作，带来的红军则帮助我们群众干活，在毛泽东的亲自领导和关怀下，秋溪、龙源口一带的工作得到发展。"

毛泽东感慨自己在井冈山时的社会调查，回忆的是历史，告诫的是社会，启发的是后人。

毛泽东说："我过去做湘潭、湘乡、衡山、醴陵、长沙、永新、宁冈七个有系统的调查，湖南那五个是大革命时代（1927年1月）做的，永新、宁冈两个是井冈山时代（1927年11月）做的，湖南五个资料放在我爱人杨开慧手里，她被杀了，这五个调查大概是损失了。永新、宁冈两个，1929年1月红军离开井冈山时，放在山上一个朋友手里，蒋桂会攻井冈山时也损失了。失掉别的任何东西，我不着急，失掉这个调查（特别是衡山、永新两个），使我时常念及，永远也不会忘记。"

永新、宁冈两县的社会调查，是毛泽东引领、指挥井冈山斗争的正确判断和决策依据。

毛泽东不忘衡山、永新两个社会调查，缘于这两个调查的举足轻重。

毛泽东从来不打无把握之仗。在永新调查之后，他对永新及周围各县的敌情、阶级状况、土地占有情况、地理环境、物产资源等等，都了然于胸。所以后来朱毛会师之后，毛泽东制定了发展根据地的七大政策，其中就有一条："大力经营永新。"

在衡山调查，毛泽东用了8天。调查了3个乡，开了4次座谈会。得出了什么结论？"衡山县乡农民协会职员，赤贫阶层占百分之五十，次贫阶层占百分之四十，穷苦知识分子占百分之十。这个贫农领导，是非常之需要的。没有贫农，便没有革命。若否认他们，便是否认革命。若打击他们，便是打击革命。"

没有调查就没有发言权，我们党的调查之风，在革命伊始就很提倡。

一 历史选择

15 引兵井冈山

何长工说:"毛泽东同志率领秋收起义部队向罗霄山脉中段转移,开始了引兵井冈山,这是中国革命了不起的伟大战略转移,从此,中国革命的重点由城市转向农村,走上了工农武装割据,农村包围城市的道路。"

引兵井冈山这个伟大构想,毛泽东用了两个月时间去酝酿,直至成熟。

毛泽东在《井冈山的斗争》中写道:"湘赣边界的工作,从去年十月做起。开头,各县完全没有了党的组织,地方武装只有袁文才、王佐各六十枝坏枪在井冈山附近,永新、莲花、茶陵、鄘县四县农民自卫军枪枝全数缴给了豪绅阶级,群众革命情绪已经被压下去了。"

1927年10月,毛泽东率领工农革命军艰苦转战到达井冈山,踏上了中国革命道路胜利的起点。

井冈山"胜利的起点"雕塑

边界工作起始时间是10月。12月18日,毛泽东向湖南省委写信报告,提议组成新前委。

毛泽东报告说:"部队行动,由朱德、陈毅、张子清、宛希先、余贲民、袁文才、毛泽东七人组成前委,请批准。如系驻军,则应组织湘赣特别委员会,指挥军事及交界八县党务、农村暴动等,人员除上述七人外加江西的刘真,请呈报中央批准,又朱云卿应加入前委和特委。"

12月份,建立大本营的组织机构。当年的关键人物杜修经回忆,"宁冈是一个多山的小县,有一座大山,围绕这山的有永新、遂川、茶陵、酃县、莲花五县,宁冈是中心,易守难攻,同时向茶陵、永新进展,可以影响两省并两省上游,以此为大本营的意见,泽东同志早有了,便有边界特委组织的建议"。

同样是见证井冈山斗争的重要人物杨克敏,在1929年2月25日给湖南省委的报告说:"罗霄山脉中段的井冈山是很好的军事根据地,于是创造罗霄山脉中段的割据,建立罗霄山脉中段的政权,为朱毛部当时唯一的工作和企图,于是伟大的奋斗和激烈的斗争,一幕幕地开展起来。"

陈毅1929年9月1日给中央的报告《关于朱毛军的历史及其状况的报告》说:"宁冈七县同皆属崇山峻岭,尤以井冈山最为险要,周围约有五百余里,四军得此地势,必可休息整顿,当时决定在宁冈建立军事根据地,分兵到各县游击及发动群众斗争,这一个政策非常正确。"

以宁冈为中心,实行工农武装割据,建立红色政权,这个伟大决策起始于1927年10月,成熟于1927年12月,确立于1928年4月。

时任中共湘赣边界特委书记杨克敏向湖南省委报告说:"边界自毛部去春(1928年)自湖南与朱部汇合(今)重来后,确立了建立罗霄山脉中段的割据政权的决心。"

1928年6月19日湖南省委给井冈山特委和四军军委的批复信中说:"以罗霄山脉中段为根据地的计划,省委完全同意。"

一 历史选择

16 讲组织纪律

1956年9月，党的八大预备会议，毛泽东和身边的同志聊起井冈山斗争时期的历史，他谈起这段时期自己的蒙冤历史云淡风轻。

毛泽东说："开除党籍了，又不能不安个职务，就让我当师长，我这个人当师长就不那么能干，没有学过军事，因为你是个党外民主人士了，没有办法，我就当了师长。后来又说是谣传，是开除出政治局，不是开除党籍，啊呀，我这才松了一口气。"

历史回到29年前。1927年11月，中央临时政治局扩大会议，认为毛泽东未能实现党的新策略，在政治上犯了"极严重"的错误，共产国际代表罗明那兹建议中央开除毛泽东"中央临时政治局候补委员、湖南省委委员"的资格。

在那种靠口传信息的白色恐怖年代，有很多错传误传信息的小插曲。谁来井冈山传达中央这个指标？周鲁，身份是湘南特委军事部长、湘南特委特派员。

周鲁到达井冈山茅坪，甚至有点趾高气扬，急于表现自己担当重任，向毛泽东传达了中央会议精神，误传为中央开除了毛泽东的党籍。

毛泽东从来都荣辱不惊。

毛泽东当时的前委秘书谭政在《在前委工作的见闻》中回忆，"尽管周鲁传达的意见是错误的，可是怎么办啊？毛泽东是党员，他敢反中央吗？这是一个纪律问题，公开反不可能，做斗争也难办"。

周鲁代表湘南特委取消了井冈山前委，改为师委，何挺颖任书记，毛泽东改任师长。

毛泽东依然有足够的政治热情与宽广胸怀，何长工回忆，"毛泽东平生第一次背上了一把驳壳枪，向部队讲话"。

未知学也，我不是个武人，文人只能运笔杆子，不能动枪，秀才造反，三年不成。当师长有点玄乎，可是一个篱笆三个桩，一个好汉三个帮，三个臭皮匠合成个诸葛亮，要靠大家了，我们有那么多干部，大家都是党的骨干，在斗争中积累了一些经验，大家来当个参谋吧！

历史总不缺为毛泽东创造机会的人，就像后来长征途中遵义会议，周恩来、张闻天、王稼祥等给毛泽东创造机会，毛泽东进入了领导核心。井冈山时期的何挺颖，一个上海大学数学系的高才生，也不乏这样的认识，他常常听取毛泽东意见，并常请毛泽东讲政治思想。

在湖南酃县（今炎陵县）中村，一块叫"八担丘"的稻田里，历史记录了毛泽东的担当。

陈士榘回忆：毛委员坐在一条长凳上，而且放着一张小方桌，我们坐在禾蔸上，南方的春天来得早，这天又是个大晴天，春天的太阳使我们感到特别亲切和温暖，集合当时所有的部队讲政治课，讲的题目，记得是：中国革命的特征。

陈士榘几十年后还记得毛泽东讲课的题目，更记得那天温暖的太阳！

陈伯钧回忆说，毛委员找来一块小黑板，一边讲，一边写，用通俗的语言讲解了建立井冈山革命根据地的伟大意义，用铁的事实严厉地批判了"左"倾、右倾机会主义和错误路线，使全体战士在极其尖锐、复杂的阶级斗争中，认清了革命形势，提高了战斗勇气，坚定了革命信心。

二

星火燎原

17 从南昌起义到井冈山会师

1961年9月18日，周恩来参加完中共中央庐山会议后，参观了南昌起义总指挥部旧址。周恩来从不谈及自己，总是深情回忆战友，并要求多宣传贺龙、叶挺、朱德、刘伯承等同志。

在参观到第四陈列室时，周恩来说，"当时也是没经验，只晓得生搬硬套苏联的经验，国际指示要建立根据地，而我们只想建立城市根据地，搞大城市起义，先后在上海、南昌、广州搞了三次。上海武装起义，是工人起义，失败了；南昌起义，是军队起义，也失败了；广州起义，是工人与军队结合的起义，还是失败了。我们还没有认识到搞农村起义，建立农村革命根据地，以农村包围城市，当时只有毛主席提出来。我给你们提个要求，讲解内容一定要讲到井冈山会师。建立一支什么样的军队。是毛主席把这个问题解决了。"

周恩来的谦逊是让党内外折服的。

毛泽东对南昌起义的极高评价是：打响了反对国民党反动派的第一枪。

如此厚重的历史，奠定了"八一"这个时间是人民军队建军节的重要依据。

南昌起义，中共前敌委员会书记是周恩来，总指挥是贺龙，但周恩来常说："哪是我领导啊？是党的领导。"

关于朱德，周恩来说："在南昌起义是一个很好的参谋与向导。"

二　星火燎原

说到贺龙，周恩来说："前敌委员会决定由贺龙任总指挥，是我去告诉他这个决定。"

其实，贺龙当时并不是党员，周恩来回忆，是部队南下途中，在瑞金，我们吸收他加入中国共产党的组织。入党介绍人是周逸群、谭平山。

南昌起义的力量主要来自贺龙的二十军近万人。叶挺的十一军二十四师、四军的二十五师，还有朱德的军官教导团。全部总共2万余人。

但中国革命史上，没有哪一次革命活动有南昌起义时那样，将星云集。

后来的十大元帅八个参与其中：朱德、贺龙、刘伯承、林彪、陈毅、聂荣臻、叶剑英、徐向前。

后来的十大将，六个与南昌起义紧密相连：陈赓、粟裕、许光达、谭政、张云逸、罗瑞卿。

1927年8月3日，中央指示南昌起义部队，撤出南昌南下潮汕，占领出海口，等待国际援助。

9月19日，长汀分兵，贺龙率主力继续南下，而朱德以第九军副军长的身份，率2500人殿后。

10月2日，三河坝阻击战打响，为保存实力，朱德主动撤出三河坝。

10月7日，广东饶平，"茂芝会议"上，朱德下令隐蔽北上，穿山西进，直奔湘南。

但朱德这支部队，很快面临了低谷——天心圩。粟裕回忆说："在天心圩，队伍情绪低落至零，时至寒冬，战士还穿着单衣、草鞋，甚至打赤脚。'不要干了，大家散伙吧！'这句话在队伍之间流行。"

人们记住了朱德关键时刻的担当。

朱德站在一个山坡上说："我们现在的中国革命就相当于俄国1905年的革命，俄国在1905年失败了，但在1917年就成功了，我们现在只要保存实力，革命也有办法，也能成功！"

在这支队伍里，当时应该很少人能听懂朱德所说的"俄国革命"，但所有人都能理解朱德的这种责任与担当。

陈毅当时在队伍中是团级干部、七十三团指导员，陈毅说："南昌起义的失败，不等于中国革命的失败，一个革命战士要经得起失败的考验才算是真正的英雄，就让我们做一回失败时的英雄吧。"

沧海横流，方显英雄本色，领袖威望往往诞生于危难之时。

朱德在江西境内的"赣南三整"：天心圩整顿、大余整编、上堡整训，朱德进行的整思想、整纪律、整技术，与毛泽东9月29日的永新"三湾改编"殊途同归。

在关键时刻，朱德得到了云南讲武堂同班同学、国民党十六军军长范石生的暗中相助：几万块银圆，补充弹药、冬装等各种装备。

无奈于广东军阀李济深的电令"就地解决"朱德部队，1928年1月3日夜晚，下起了滂沱大雨，朱德、陈毅率领南昌起义余部从仁化改道西进，到了湖南。

朱德在新中国成立后有段回忆："湖南暴动，是以宜章暴动拉开序幕，打的最大的一场战斗叫坪石战斗，我们部队就靠那一仗起来的。"

从天心圩整编的800余人，到宜章暴动后的坪石战斗，朱德部又壮大至近3000人。

1928年3月上旬，湘粤军阀组织了9个师的兵力南北夹击朱德所部，再加上湘南特委当时的复仇情绪和小资产阶级急性病，大力实施"坚壁清野""焦土政策"，导致不少中坚力量反水，轰轰烈烈的湘南暴动于1928年3月底归于失败。

1928年3月29日，朱德下达撤离湘南命令，向井冈山革命根据地毛泽东部战略转移。

毛泽东亲率工农革命军第一团向桂东、汝城接应，命令何长工、袁文才率第二团向湖南彭公庙方向掩护朱德部队。

1928年4月10日，毛泽东日夜兼程进至湖南资兴县境内的龙溪洞。

龙溪洞萧克率领的宜章独立营在陈毅安引领下，在龙溪洞和毛泽东部会合。听了萧克的汇报，毛泽东对宜章独立营的艰苦斗争非常赞赏，握着萧克的手，高兴地说："好哇！没接到朱德，接到个萧克！"

随后，两部合二为一，继续向东转移上山。

18 朱毛会师

萧克见到毛泽东,胡少海率领的湖南农军第三师也见到了毛泽东。

毛泽东得知朱德、陈毅已率领南昌起义余部和湘南农军万余人也退至井冈山下的酃县。但尾随朱德、陈毅的湘敌张敬兮一个团和罗定率领的攸茶挨户团,成了朱毛会师的绊脚石。

毛泽东当即命令:拒敌于宁冈之外。

毛泽东和张子清在酃县接龙桥指挥阻击战,战斗从中午打至傍晚,湘敌向茶陵方向溃散。

这场阻击战中毛泽东的爱将张子清被子弹打穿右脚踝骨,士兵将他抬回井冈山,由于缺医少药,伤口化脓感染。后从井冈山转移至山下的永新县洞里村蕉林寺养伤,最终伤势严重,牺牲在蕉林寺。

何长工是毛泽东与朱德见面的联络人。何长工在《伟大的会师》中描述了这次历史性会见:

> 毛泽东听说朱德等住在龙江书院,便带领何挺颖、宛希先赶往龙江书院。
>
> 我远远地看见了朱德,便对毛泽东说:"站在最前面的那位就是朱德同志,左边是陈毅同志。"
>
> 当走到书院门口时,朱德抢先几步,毛泽东也加快了脚步,早早把手伸出来,很快,两位巨人的手紧紧地握在了一起,他们都使劲地摇晃着对方的手臂,那么热烈,那么深情。

二 星火燎原

朱德、陈毅率领的部队于1928年4月中旬抵达宁冈县砻市,与毛泽东统率的井冈山部队胜利会师。

根据中共湘南特委决定,两军会师后,合编为工农革命军第四军,朱德任军长,毛泽东任党代表,陈毅为政治部主任。全军万余人,枪两千余支。接着在宁冈召开了中共工农革命军第四军第一次党代表大会,会上选举产生了第四军军委,毛泽东任书记。

在20世纪80年代,湖南省安化县档案馆在清理文档时,发现了1928年7月,红军二十八团、二十九团攻打郴州失利被缴去的部分文件,该文件被敌十六军政训部抄录转发在《湘赣共产之阴谋》。

这段历史是由于敌军的政训部收集了这份材料才得以呈现。

我们见到了朱毛会师后的军委名单,共23人:朱德、陈毅、毛泽东、宛希先、何挺颖、袁文才、王尔琢、何长工、龚楚、胡少海、张子清、刘宋、刘海云、王佐、宋乔生、蔡协民、王得胜、王英、薛涛、石金德、陈桂秋、刘仁堪、刘清泉。

军委之下设有"组织会议""宣传科""组织科""士兵委员会"等。毛泽东在井冈山时期党的建设就那么完整、完善。

1928年5月4日举行"庆祝两军会师和四军成立大会"。

"四军"即为"中国工农革命军第四军"。1928年5月25日,中央文件《51号通知》:"你们割据地区的武装可以命名为红军。"

粟裕回忆:"井冈山会师,具有伟大的历史意义,它不仅对当时井冈山区的斗争,而且对以后建立和扩大农村根据地,坚决走农村包围城市道路,推动全国革命事业的发展,产生了极其深远的影响。"

毛泽东说:"4月,朱毛两部退至宁冈,才开始工农武装割据,于是有4至7月四个月的各次军事胜利和群众割据的发展。"

19 声东击西——五斗江战斗

朱毛会师之后，毛泽东、朱德开启历史搭档的第一次战斗是五斗江战斗，五斗江战斗是全胜。

1928年5月2日，毛泽东在永新县城以中共工农革命军第四军军委书记名义给中共中央写报告，心情极好。

毛泽东在报告中写道："追击毛部之杨如轩部，结果反被毛部赶至赣边，其八十一团击溃于遂川之五斗江，七十九团前被毛部缴械，三营现在亦被朱部击溃于永新，现在毛部之三十一团亦由宁冈开来了，永新敌军溃吉安，此次缴枪三百枝。"

五斗江战斗，毛泽东采取声东击西，"分兵发动群众集中以应付敌人"在这场战斗中演绎得活灵活现。

1928年4月下旬，赣敌杨如轩率二十七师第二次"进剿"井冈山根据地，毛泽东和朱德很快部署了作战方针："避其主力，攻击侧翼，声东击西，集中兵力歼敌一路。"

避的是敌七十九团，其正从七溪岭方向，正面推进井冈山根据地，歼的是侧翼敌八十一团，其正从拿山、五斗江方向迂回。

朱德、陈毅、王尔琢率二十八团、二十九团担任主攻，迎敌八十一团。

毛泽东、何挺颖率三十一团在七溪岭阻击敌人七十九团。

二 星火燎原

骄兵必败。周体仁，敌八十一团团长，求胜心切，自恃装备精良，先派一个营从拿山到黄坳进攻井冈山根据地，与王尔琢二十八团在黄坳遭遇，朱德只让二十八团虚晃一枪，退守井冈山根据地南哨口行洲，另派二十九团包围敌人这个营，大败敌人八十一团的一个营。溃逃回拿山报告周体仁，结果周体仁认为是"小股赤匪，不足为患"，率全团跟进五斗江向黄坳进攻井冈山根据地，结果被王尔琢二十八团包围、全歼。

朱德、王尔琢一鼓作气，追敌至永新，敌弃城而逃，朱毛第一次占领永新县城。

毛泽东成立了永新工农兵政府，是继茶陵、遂川、宁冈之后第4个湘赣边界的工农兵政府。

永新在毛泽东军事战略中何等重要？

毛泽东说："对敌作战，土地革命，建立地方党组织，湖南取守势，江西取攻势，大力经营永新县，反对分兵，波浪式推进政策！"

谭震林回忆："所谓大力经营永新，就是要在全县深入土地革命，层层建立党的组织，建立工农兵政府和地方武装，打倒土豪劣绅，把田分下去，各项政策贯彻下去，在永新，我们半个月内发动群众，建党、扩军，成立红色政权，打土豪分田地，很快形成了巩固的根据地。"

朱毛军占领永新城！蒋介石在南京坐立不安，急令湘赣两省"加紧剿匪，不得有误"。

于是，朱毛联手，又唱了一出"二打永新"。

1928年5月13日，敌二十七师师部，第七十九团和敌九师的第二十七团一个营向永新扑进，其余4个团南渡禾水，由龙源口向宁冈进攻。

毛泽东主动撤出永新，退回宁冈。

5月16日，毛泽东命红军三十一团奔袭湖南茶陵，占领国民党政府主席谭延闿的家乡高陇镇。

毛泽东调敌成功，驻永新的二十七师杨如轩急令七十九团刘安华出城向里田、龙田赶往宁冈。

5月18日，朱德率部从宁冈奔袭130多里，在里田的草市坳设伏。5月19日，敌七十九团刘安华部全团缴械，击毙了敌团长刘安华。

杨如轩弃永新城逃跑，朱毛乘势二占永新。

二 星火燎原

20 "红旗到底能打多久"

1936年12月的延安，在中国人民抗日红军大学，毛泽东对学员做报告《中国革命战争的战略问题》。

在这次演讲中，毛泽东又回忆了1928年5月20日的井冈山斗争的一段历史。

毛泽东说："当着1927年冬天至1928年春天，中国游击战争发生不久，湖南江西两省边界区域——井冈山的同志们中有些人提出'红旗到底打得久'这个疑问的时候，我们就把它指出来了。因为这是一个最基本的问题，不答复中国革命根据地和中国红军能否存在和发展问题，我们就不能前进一步。"

中国革命路上有了歧路的时候，不能没有毛泽东。

时间回到1928年3月，湘赣边界来了湘南军事部长、湘南省委特派员，错传中央指示，说毛泽东被开除党籍，改当师长。

这个错误决定，直接导致井冈山斗争史上的"三月失败"。导致边界"顿失中心，各自为政，起不良之现象"。

毛泽东把握住历史机遇，扭转航舵。

机遇是：工农革命军二占永新之后，边界形势好转，边界武装力量壮大，战事又连连胜利。毛泽东几次报告湖南省委和江西省委，建议成立"边界特委"。

1928年5月上旬，从吉安县委转来江西省委的指示信：

"批准湘赣特委之组织（茶、攸、酃县、宁冈、莲花、永新、遂川），批准于五月二十一、二十二两日召集各县代表大会，决议政治问题，政治纪律，暴动口号，政纲，选举负责人。"

何长工回忆："在得到上级党组织正式批复的情况下，毛泽东决定乘二占永新后的稳定之机，召开湘赣边界各县党的第一次代表大会。正式组建中共湘赣边界第一届特委，于1928年5月20日在宁冈茅坪的谢氏慎公祠召开第一次特委会。出席会议的有宁冈、永新、遂川、莲花、酃县5个县委和茶陵特别区委及军队党的代表计60余人。"

陈正人回忆："在总结半年来的工作时，毛泽东在会上发了言，毛泽东的发言主要是针对在困难和危急的时候，有一些人失去信心，认为前途渺茫，产生了悲观情绪，提出了红旗到底打得多久的疑问，毛泽东分析中国革命的形势，阐明了中国革命的特点，指出中国是一个半封建半殖民地、经济落后而又发展不平衡的受帝国主义统治的国家，这样，各派新旧军阀的割据和战争不断发生，中国这块红色割据也就长期存在。"

大会讨论和制定了巩固和发展根据地的政策，通过了政治问题、政治纪律、暴动口号、政纲等。

大会选举了中共湘赣边界第一届特委，委员有19人：毛泽东、朱德、陈毅、刘寅生、宛希先、谭震林、刘天干、谢桂标、龙高桂、王佐、龙寿宇、贺志华、刘炎、谭普祥、陈竞进、陈正人、刘辉霄、陈韶、刘真。

常委：毛泽东、宛希先、刘真、谭震林、谢桂标。

毛泽东为书记，宛希先负责组织，刘真负责宣传。

特委机关设在茅坪的攀龙书院。

湘赣边界特委是边界党的最高领导机关，统一领导工农革命军第四军军委和边界各县党的组织。

在革命低潮时期，党组织战斗堡垒的作用无可替代。

毛泽东说，割据地区一天一天扩大。土地革命一天一天深入，民众政权一天一天推广，红军和赤卫大队一天一天扩大，井冈山根据地进入全盛时期。

二 星火燎原

21 要了解农民，先要了解土地

井冈山时期的斗争，历时两年零四个月，轰轰烈烈，也历经了曲折和悲壮，大浪淘沙，也有不少信念坚定的历史人物退出斗争舞台，但这些人中很多对其经历过的峥嵘岁月往往在自己的晚年也记忆犹新。

当时任湖南省委特派员的杜修经就是典型的一位。杜修经在新中国成立后，做过湖南常德师专的老师直至校长，有过很多关于井冈山斗争时期的回忆。

杜修经在回忆 1928 年 6 月 15 日写给中共湖南省委的报告中，这样描述："民众在打土豪后相信毛司令，在分田地后相信党相信苏维埃。"杜修经的报告很符合事实，但称呼有误，毛泽东在井冈山斗争时期是"湘赣边界秋收暴动前委书记""红四军军党代表""红四军前委书记"，没有当过"司令"。确切地说，当时军队编制还没有司令一职，只有军长朱德。

但杜修经报告的事实的确如此，毛泽东威信如此之高，因为他抓住了"土地革命"这个撬棍，搅动了老百姓的思想，抓住了民心，解决了民生。在湘赣边界党的"一大"，毛泽东制定了巩固发展根据地的"七条政策"：

1. 坚决地和敌人作斗争，造成罗霄山脉中段政权，反对逃跑主义；
2. 深入割据地区的土地革命；
3. 军队党帮助地方党的发展，军队的武装帮助地方武装的发展；
4. 对统治势力较强的湖南取守势，对统治势力比较弱的江西取攻势；

5. 用大力经营永新，创造群众的割据，布置长期的斗争；

6. 集中红军相机迎击当前之敌，反对分兵，避免被敌人各个击破；

7. 割据地区的扩大采取波浪式推进政策。

中央苏区时有"中华苏维埃共和国临时中央政府"，那是共和国的摇篮，共和国的演练。其实，毛泽东在1928年5月，在井冈山斗争中也进行了"共和国"的演练，即湘赣边界工农兵政府。边界政府下设军事、财政、土地、司法、青年、妇女部以及农工运动委员会。边界政府设立在茅坪乡仓边村的袁家大屋，下辖茶陵、遂川、宁冈、永新、莲花、酃县等各县政府。群众推举毛泽东任主席，毛泽东推举袁文才任主席，当时民众普遍知道了各级工农兵政府，宁冈民众称"埃政府"，别的地方简称"苏政府"。

谭震林时任土地部部长。谭震林回忆："我们攻下遂川、宁冈、永新等县，建立县工农兵政府后，就着手抓土地革命，满足农民的土地要求，4月底，毛泽东同志和朱德同志在龙市会师，成立红四军，总结以往的经验教训，制定正确政策，把武装斗争、土地革命、根据地建设三者紧密结合起来，很快就使边界红色区域发展到鼎盛的时候，在红色区域，土地大部分分配了，小部分在分配中。"

毛泽东派弟弟毛泽覃在宁冈乔林村进行土地革命试点，陈正人回忆："分田机构由工农兵代表大会选举产生，由5—7人组成"。毛泽东抽调大批红军干部到乡村调查研究，指导分田地。

来自耒阳的王紫峰中将回忆："我们手枪队刚成立一个多月，后来地方要干部，就从军队中抽调一部分人去，我到葛田村帮助分土地，乡里成立了一个调查委员会，登记人口，登记土地，当时对抽肥补瘦还不懂，我们没收地主的土地，分给没地或少地的农民，以一个大村为单位，按人口平均计算需要多少土地，在这个范围内调整就是分好了，就登记姓名、亩数

二 星火燎原

和规定谁使用，然后插牌子，我们在葛田村帮助农民分配土地，每人分了3亩多田。"

王紫峰提到的"抽肥补瘦"是毛泽东改正过来的，原来是"抽多补少"，但很快发现有利于富农，不利于贫雇农，因为富农中的地一般是比较好的，抽多补少，抽的是不好的地。所以，主席提出抽肥补瘦。

毛泽东在《井冈山的斗争》中记载：

土地税：宁冈收的是百分之二十，比中央办法多收半成，已在征收中，不好变更，明年再减。此外，遂川、酃县、永新各一部在割据区域内，都是山地，农民太苦，不好收税。

毛泽东最了解农民，最了解土地。土地革命，很快有了成效。

22 "吃饭太难"与龙源口大捷

朱毛会师之后,两部编为三个师九个团,边界的武装力量发生了很大的变化。

当年红军的后勤处长范树德在《井冈山斗争时期的后勤工作》回忆:"三个师九个团,加上妇女和娃娃,这个阶段,我们的粮食又成了大问题。"

毛泽东也看到了问题,在1928年5月2日于永新写的给中央的报告中,感到心忧,几乎有点愠怒:"岂有此理的湘南县委和县政府带了一大批农军一起跑来,现有一万人在这里""一万人的群众拖泥带水纪律太糟""吃饭太难"。

毛泽东当即召开红军四军军委会议,决定红军第三十、三十三、三十四、三十五、三十六团共5个团一律返回原籍,随农军上山的群众也返湘南。

李奇中,湘南起义时资兴独立团团长,新中国成立后是全国政协文史资料专员,他回忆:"1928年5月间,湖南地方武装回湘南是在永新乡下决定的,三十六团还在拿山打了一仗,颇为得手。5月底,三十、三十三、三十四、三十五、三十六,这几个团从江西的宁冈,经酃县的水口向湘南转移,到达资兴县边界的彭公庙,便决定是兵分数路,各自回去。"毛泽东这种精兵强将策略在长征路上、延安时期都有过,毛泽东历来说革命不要被那些"坛坛罐罐"所拖垮。在延安困难时期听取李鼎铭先生的"精兵简政"也是出于如此思考。

二 星火燎原

湘南农军返回湘南后不久的"龙源口大捷"便证明了毛泽东思想的正确。

1928年6月中旬,江西军阀朱培德奉蒋介石之命,纠集杨池生第九师,杨如轩第二十七师共5个团之众第四次"进剿"井冈山根据地。

毛泽东和军委的决策是:朱德、陈毅、胡少海率二十九团、三十一团一营在正面新七溪岭阻击敌二十七团,王尔琢、何长工率二十八团在老七溪岭迎击敌二十五、二十六团,袁文才率三十二团和永新赤卫队负责捣毁敌人在白口的前线指挥部,毛泽东率三十一团三营在永新一带监视湘敌。

龙源口战斗正值1928年农历端午节这一天。当年的亲历者杨克敏在1929年2月25日的《关于湘赣边区情况的报告》中这样描述:

6月23日龙源口一战,赣敌共3个团,杨如轩指挥之,我军亦3团与敌战一日之久,敌为二十五、二十六团江西军队之最狠的部队,战斗力最强,都系老兵,技术熟练,这次的战争敌我力量相当,为江西所未经过的大战,其间进退周旋,经过许久的肉搏,因为我们所占得的地形优势,敌仰我俯,居高临下,悻悻一鼓败之。此役敌3团全溃,缴枪约七八百支,杨如轩带花逃跑,俘虏敌兵官长士兵甚多,敌死伤数百,我方亦有死伤,敌遂退出永新,永新即完全为红军占领。

毛泽东总结:"六月二十三日龙源口(永新宁冈交界)一战,第四次击破江西敌人之后,我区有宁冈、永新、莲花三个全县,吉安、安福各一小部,遂川北部,鄱县东南部,是为边界全盛时期。"

龙源口桥

23 "看永新一县，要比一国更重要"

井冈山斗争时期，毛泽东在井冈山下的永新县塘边村住了一个月，在这里具体指导实施朱毛会师之后的"七大政策"之一：大力经营永新县。毛泽东为什么那么看重永新县？

朱毛会师后的最大规模"龙源口大捷"彻底粉碎了朱培德发动的第四次"进剿"，毛泽东分析红军和群众可以争取二十来天的稳定。

永新已经是第三次被红军占领，是当时完全成功割据的"六县一山"之一。这里人口众多、物产丰富，北通莲花、萍乡，西接茶陵，东邻吉安，南连宁冈，是六县一山的中心地带，群众基础又好，特别是地方党组织在刘真、王怀、欧阳洛领导下，革命氛围浓厚。

据当时的亲历者刘型回忆："1928年6月26日，毛泽东在永新县城禾川中学召开红四军连以上干部，地方党和地方武装负责人联席会议。毛泽东分析了当时的形势，部署了作战计划，认为朱培德两个师被打垮了，敌人退回吉安南昌去了，湖南方面的敌人也不会马上过来，我们要争取时间，把部队分散去做群众工作，建立地方武装，建立政权，发动群众打土豪，分田地、筹款子。"

当时的湖南省委派来的边界特委书记杨克敏，在1929年5月25日写给中央的报告中说："毛泽东的想法是，我们看永新一县，要比一国还重要。所以现在集中人力在这一县内经营，要在最短的时间内，建设一个党与民众的坚实基础。以应付敌人的下次的'会剿'。"

二 星火燎原

在这样的背景下，禾川会议第二天，部队开始分兵，四处游击进行筹款、组织党、组织苏维埃、分田、组织工农武装等工作。

毛泽东和永新县委书记刘真同住在永新塘边村一户贫农家，一边帮助地方党巩固组织，一边做社会调查，以至于《永新调查》在毛泽东心中的分量，毛泽东说："失掉这个调查（特别是衡山、永新两个），使我时常念及，永远也不会忘记。"

在毛泽东领导下，永新的党组织由1个支部发展到11个支部，赤卫队、暴动队发展到七八千人，还建立了规模仅次于井冈山的第二个军事根据地——永新九陇山根据地，让永新成了边界各县的军事屏障。

永新有1800年的建县史，面积2195平方公里，土地肥沃，群众基础好，先进知识分子多，像贺敏学、贺子珍、贺怡、刘真等。毛泽东从三湾改编开始对永新的人情风俗和阶级成分都有所了解，其中有很多是来自革命战友贺子珍。在井冈山时期，很多大大小小的战斗，都发生在永新境内。1928年4月下旬的五斗江战斗，红军一占永新。1928年6月23日的龙源口大捷也在永新，1928年7月的"永新困敌"也在永新。所以说"看永新一县，要比一国还更重要"。

井冈山时期选永新，苏区时期选瑞金，长征后落脚陕北，我们党的根据地越来越大，事业越来越大，但都是因为与当地人民交了心，有了拥护，土地供了粮，有了保障。这就是水上行舟，顺了民心。

24 从"十二字诀"到"十六字诀"的游击战术

开国中将韩伟在《毛委员教导我们用兵作战》一文中说:"1927年12月工农革命军攻打茶陵撤到湖口地区时,毛泽东就曾向部队官兵讲了战术问题,他举了个例子,从前井冈山有个老土匪,和官兵打了几十年交道,总结了一条经验,不怕不会打仗,只要会打圈。打得赢就打,打不赢就走,赚钱就来,蚀本不干。"

当年的遂川县委书记陈正人在《毛泽东同志创建井冈山根据地的伟大实践》一文回忆:"在遂川时(1928年1月),就听到毛主席提出的游击战争的十二字原则了,特别是这年的上半年,听得就更具体了。"

当年万安县委委员许大权回忆:"1928年古历正月初,毛主席在遂川召开赣西南农民暴动联席会议,会后在万安罗塘的沙窝里又召开会议讨论毛主席在遂川的指示,十二字秘诀:敌来我去、敌驻我扰、敌退我追。"

毛泽东是天才的军事家,其实这种天赋来自于实践,1929年4月5日,毛泽东在瑞金起草《前委致中央的信》,这样总结在井冈山时期的军事斗争。

毛泽东说:"我们三年来从斗争中所得的战术,真是和古今中外都不同。大要说来,就是分兵以发动群众,集中以应付敌人,敌进我退,敌驻我扰,敌疲我打,敌退我追,固定区域的割据,用波浪式推进政策,强敌跟踪,用盘旋式的打圈子政策,三年以来,都是用的这种战术。"

这是毛泽东的"十六字诀"游击战术。朱德在1962年6月写的《从南昌起义到井冈山》中说:"关于游击战术以至于整个战略问题,还是后来由毛主席系统、完善地解决的。"

陈毅是毛泽东在井冈山斗争的战友,他在1939年9月写的《论游击战争》中说:"红军游击战争其战术特点包括在'敌进我退,敌驻我扰,敌疲我打,敌退我追'毛泽东的十六字诀内,又可包括黄公略的'化整为零,化零为整'的两个战术口号之内。"

1937年彭德怀在《八路军怎样作战》中说:"毛泽东同志曾经发明了一个有名的十六字游击战术原则,即:敌进我退,敌驻我扰,敌疲我打,敌退我追。"

毛泽东十六字游击战术在抗日战争发挥到了极致,在转战陕北时也是靠"十六字诀"击溃了胡宗南"三个月解决延安"的狂言。

其实,毛泽东在井冈山时期创造的游击战术,在1929年9月28日的"九月来信"中,党中央第一次给予了肯定,第一次概括为"十六字诀":"敌进我退,敌驻我扰,敌疲我打,敌退我追"。在苏区时,更是法宝。

1930年12月下旬,红一方面军总前委在宁都召开军民誓师大会,会场两边就挂着"敌进我退,敌驻我扰,敌疲我打,敌退我追,游击战里操胜算;大步进退,诱敌深入,集中兵力,各个击破,运动战中歼敌人"的大幅对联。军民的士气浩浩荡荡,毛泽东的游击战术也浩浩荡荡。

25 把党代表制度落实好

毛泽东在井冈山时期在队伍中实行的思想政治工作，主要通过各级党代表来实践，甚至当时有一套完备的工作体系，其效果之大，对队伍面貌之改变，甚至让敌人都感叹。

1928年7月二十九团在郴州攻城失利，被敌人缴获去一些文件，其中就有《党代表工作大纲》，国民党部将其刊载在其内部的刊物上警示自己。并叹服"红军党代表之工作及能力亦可表率其众，敌人组织如此，吾人应加猛醒！"

党代表到底做些什么？

毛泽东在《井冈山的斗争》一文中总结道："他要督促士兵委员会进行政治训练，指导民运工作，同时要担任党的支部书记。"

什么样的党员可以做党代表？

红军《党代表工作大纲》中规定："党代表应为各同志模范，并使各同志和非同志在本党政策之下都积极工作；党代表一切言论和行动，均需站在党的观点上；党代表在军队中，在民众中，均在党的指挥之下，积极发展党和团的组织，并使党和团为群众核心。"

罗荣桓是十大元帅之中唯一一个做党的政工工作出身的元帅，在井冈山时期，他就是毛泽东党代表制度最优秀的实践者。当时罗荣桓和陈伯钧搭档，罗荣桓是三十一团三营九连党代表，陈伯钧为连长。

当时的战士黄瑶在后来回忆罗荣桓时，说："凡是要求同志们做到的，他自己首先做到，以自己的模范行动作为无声的命令，打仗冲锋时，他和陈连长肩并肩冲在队伍的最前头，撤退时又在最后面负责掩护；行军时，他的肩头经常扛着几支病号或是掉队战士的枪；宿营时，他每宿都要查铺，逐个将战士们的夹被盖好。每逢发零用钱，他和连长、司务长都是最后去领，咬着牙坚持工作，可战士生病了，他却一天几趟嘘寒问暖，还吩咐伙房给做香喷喷的病号饭。"

二十年后，毛泽东将罗荣桓这个出色的党代表放在了东北战场，罗荣桓用自己灵活的工作方法和良好的政治素养和林彪打赢了辽沈战役。

陈毅在《关于朱毛军的历史及其状况的报告》中说到红四军的政治训练主要有几种形式，即讲演、讲课、早晚点名讲话和呼口（号）等。每次作战或进行群众工作之后，组织部队总结工作经验教训，开展识字运动，组织红军参加群众大会或举行多种纪念会、联欢会，使战士得到政治教育，在士兵委员会内开展政治问题的讨论和对工作的批评。

26 莲花全县一片红

朱毛会师之后的盛景，1957年，朱德写诗回顾：革命雄师会井冈，集中力量更坚强。红军领导提高后，五破围攻固战场。

当时井冈山特委书记杨克敏写给湖南省委的《关于湘赣边苏区情况的综合报告》中说："割据区域有宁冈全县，永新全县，莲花全县，吉安一小部分，安福一小部分，遂川之北乡，酃县之东南一部，横直数百里，面积达7200平方公里，人口约50万。"

龙源口大捷之后，毛泽东派二十九团协助莲花的武装发展，占领莲花县城，开仓放粮，打开反动监狱释放劳苦群众，清算了豪绅刘恒泰，群众分得了浮财，群众普遍发动起来了，成立莲花县工农兵政府，刘仁堪任主席，还成立了赤卫队、少先队、儿童团，全县8区130多个乡都建立了红色政权。

前后的变化、艰辛，毛泽东曾说："边界党的布尔什维克建设真是困难得很。"

1927年10月，边界党的建设是什么样的景况？

毛泽东在《井冈山的斗争》中说："红军（工农革命军第一军第一师第一团）到达边界各县时，只剩下若干避难藏匿的党员，党的组织全部被敌人破坏了。十一月到今年四月，为重新建党时期，五月以后为大发展时期。"

1927年10月，边界武装又是什么样的景况？

二 星火燎原

毛泽东在《井冈山的斗争》中说,"枪数:攸县三百,茶陵三百,酃县六十,遂川五十,永新八十,莲花六十,宁冈(袁文才部)六十,井冈山(王佐部)六十,共九百七十。马日事变后,除袁、王两部无损失外,仅遂川保存六枝,莲花保存一枝,其余概被豪绅缴去"。

毛泽东要点燃这些星星之火,措施在哪?

一是组织上完善,建立了特委,领导各县党组织;二是召开了湘赣边界党的第一次代表大会,统一了思想,回答了"红旗到底打得多久"的疑问;三是指明了党领导红军的任务,打仗消灭敌人,打土豪筹款子,帮助群众建立红色政权。这是毛泽东的建党思想和建立红色政权思想,让"割据地区一天一天扩大,土地革命一天一天深入,民众政权一天一天推广,红军和赤卫队一天一天扩大"的全盛局面得以形成。

27 宋乔生"很有功"

1929年1月中旬，毛泽东率红四军主力下赣南，当时是军部特务营营长的宋乔生也在队伍当中，在大余县南平坳一场战斗中，宋乔生与部队失去联系，后来得知他是在转移途中，遭地主武装袭击不幸牺牲。

毛泽东痛惜，评价宋乔生组织能力很强，带了许多人上井冈山，很有功。

这位1928年就配合朱德、陈毅发动湘南起义的水口山矿工起义的总指挥，不仅带了1000余工人弟兄上井冈山，参加过井冈山根据地的多次反"进剿"、反"会剿"的共产党员，更在井冈山斗争时期在井冈山亲历了红军修械所到军械处再到兵工厂的建设过程。

1926年，袁文才推翻了北洋军阀的宁冈县公署，成立了宁冈县人民委员会、农民自卫军，手头有枪60多支，但其中有不少坏枪，于是在步云山白云寺里办起了第一个修械所，但只能在其妻叔谢凡经和几个铁匠出身的人带领下修些坏枪。

1927年10月，毛泽东上山之后，从工农革命军队伍中找了几个懂修枪的战士充实到了修械所，办成了"工农革命军第一师修械所"。

1928年4月，朱德、陈毅上了井冈山，枪支奇缺，陈毅为师长的十二师几乎是"梭镖师"。朱德推出了宋乔生，这个湖南水口铅锡矿工出身的工人懂枪械，充实到了修械所。7月，成立了工农革命军第四军军械处，宋乔生担任军械处处长。

二 星火燎原

中国红军第四军军械处旧址

宋乔生带领的军械处不仅会修枪，还造出了"来火枪""单响枪""土炮"。

对于这段历史，谢凡经的侄子谢翔龙回忆，"毛主席的队伍也有一些坏枪要修理，而且来了个姓宋的人更加会修枪。到了红军几次打下永新后，这个修械处的人更多了，把南北殿的十几个房都占满了"。

从水口山矿工起义到1929年1月牺牲，宋乔生在井冈山就一年时光，但他在毛泽东心中的地位却举足轻重，毛泽东评价了牺牲的烈士"很有功"的不多，宋乔生是较早的一位。

28 红色圩场打破了敌人的经济封锁

出生于江西省井冈山市（原宁冈县）的赖春风少将，祖上世世代代都是贫农，在1928年年仅15岁的他就跟着毛泽东走上了革命道路。新中国成立以后，赖春风写了很多回忆资料。

当时井冈山根据地"人口不满两千，产谷不过万担"，山多田少，生产力极其低下，物资极度匮乏，国民党反动派当局实行严密的经济封锁，不让一粒米、一粒盐、一尺布进到井冈山根据地。毛泽东向中央这样报告："在白色势力的四面包围中，军民日用必需品和现金的缺乏，成了极大问题。一年以来，边界政权割据的地区，因为敌人的严密封锁，食盐、布匹、药材等日用必需品，无时不在十分缺乏和十分昂贵之中，因此引起工农小资产阶级、群众和红军士兵群众的生活的不安，有时真是到了极度。"

相关史料记载，第三次反"会剿"前夕，当年的工农红军留守处主任杨至诚去找前委书记毛泽东要求拨200块大洋解决山上伤病员的医药困难，毛泽东说："好人没有吃，没有穿，是不成大问题的，但对伤病员一定要照顾周到，不然会影响战斗情绪，这不单是伤病员问题，而要看作是一个战斗问题，是一个政治任务。"毛泽东写了个条子命令三十一团团长去办理，团长想尽一切办法两天才凑到160块大洋交给杨至诚。

毛泽东听取了当年宁冈县委书记龙超清和袁文才的建议，决定在黄洋界脚下的大陇镇开设红色圩场，沟通山里和山外的贸易，打破敌人的经济封锁。

二 星火燎原

宁冈大陇圩场，这是1928年7月红军开办的红色圩场

毛泽东说："你们要把井冈山的东西运到赤白交界的地区去，换回我们需要的物资。"

开国少将赖春风回忆说："大陇红色圩场开辟之后，白区的商贩和人民群众一致反映，我们来到红色大陇圩场做生意，感到什么都比白区新鲜，心情格外舒畅，红区和白区真是两重天，我们哪怕冒着生命危险，也要到根据地来做生意，支援根据地人民的斗争。大陇红色圩场开得好，不仅打破了敌人的经济封锁，使根据地人民和红军渡过了难关，而且促进了根据地的工农业生产和经济建设的发展。"

大陇红色圩场的开设不仅是物质交换，还有共产党和老百姓的情感交流。

29 党代表刘型率萍醴游击营上井冈山

1927年湘赣边界秋收起义爆发时,当时编为中国工农革命军第一师第二团的主体是安源工人纠察队和矿警队,从浏阳失利到文家市会合,有一支60余人的安源工人爆破队跟着毛泽东上了井冈山。1928年4月,湖南萍醴游击营在党代表刘型带领下上了井冈山。

安源工人是井冈山工农革命军的一支重要的生力军。

1928年5月下旬,刘型率领萍醴游击营,撤出醴陵,经萍乡、永新上井冈山找毛泽东的部队。在萍乡、攸县交界处,萍醴游击营突遇反动团总罗定的阻击,脱险后到了莲花,再到永新里田与红四军三十一团会合。

刘型回忆:"我们上井冈山,原有100多人,经过六工陂打了一仗,到山上只有50人。"

当时共青团井冈山特委书记宋新怀也回忆:"1928年5月间,有几百长沙学生与安源煤矿工人克服了许多困难,上了井冈山。"

当时湖南省安源市组织委员袁旦初回忆:"毛主席要安源市委派工人到井冈山去当红军的下级干部,我在安源时派过一批去。"

工人兄弟是井冈山斗争时期红军队伍的主干,他们有技术,又有一定的文化知识,思想素质高,所以很多的基层干部都是工人出身。这也是红军队伍组成的一个特点。

刘型上井冈山找毛泽东的队伍,是通过当时的安源市委和井冈山的联络员邓贞谦引领的。当时邓贞谦也是从安源到井冈山这条交通线的重要交

二　星火燎原

黄洋界保卫战中使用的这门迫击炮就是在修械处修理后参加战斗的

通员，这条线他不知走了多少次、历险多少次。刘型上井冈山后，毛泽东发现他读过莲花县立中学，有文化，很适合做党的政治工作，于是把他调到红四军三十一团一连做党代表。刘型参加了新老七溪岭战斗，班长马奕夫为了掩护全连战士冲锋，用身体堵住了敌人的机枪眼，刘型这个党代表用马奕夫的事迹教育了全连战士。

在黄洋界保卫战中，刘型组织赤卫队员从茨坪抬来了一门刚修好的迫击炮，把敌人打退了，立了奇功。就是这样一个很有组织能力的党代表，1970年他重上井冈山，说，"从井冈山开始，到长征，到陕北，我没有盖过被子，也没有鞋，都是穿草鞋"。1981年刘型病危，他的妻子程宜萍回忆，他昏迷中竟然还在床下找草鞋。他找的不是草鞋，是他在井冈山斗争时期的一种革命感觉，一种精神。

30 井冈山时期就建立了完备的共青团组织

作为共产党的有生后备力量，共青团组织在井冈山时期，就建立得非常完备。

1929年2月25日，杨克敏向湖南省委的报告《关于湘赣边苏区情况的综合报告》中，这样记载："边界青年团比党要进步得快，团的特委是去年7月间由湖南省委派来两个同志到边界后才成立的。团的数目字，有二千五百以下，二千以上之多，各县有党的组织，同时也有团的组织，军队最近也开始了团的组织，特委本身算健全，书记为湘委派来的同志史训川担任。下级干部人才也相当充分，可以说能够做得工作下。各县的团都有些工作，如参加苏维埃赤卫队、自组先锋队、儿童团，做文化工作等事。"

湘南特委是1928年1月才派史训川来做团的工作的。但据史料记载，在1927年11月初的茅坪象山庵会议中毛泽东就已经提出组织共青团的工作。

象山庵会议主要内容，一是毛泽东传达党中央的八七会议和团中央的"八一二会议"精神；二是要求各县党员迅速回归各地开始重建党组织，并注意共青团的发展。

1928年2月18日，工农革命军攻克宁冈新城。21日，宁冈县委和团委一同在砻市成立，肖子南任县团委书记，全县4区39个乡，区有团区委，乡有团支部。

二 星火燎原

少年先锋队是红军赤卫军的帮手

1928年2月底,永新县团委成立,当时的县委书记刘真兼任团县委书记。随后在小江山田西村成立了第一个团区委,王新九任团区委书记。

1928年5月,湘赣边界特委成立,是边界党的最高领导机关,毛泽东任书记,在边界工农兵政府里专设了"青年运动委员会",由肖子南、刘真、胡波具体指导湘赣边界各县的青年工作。

随后有了湘委派来的史训川同志去做湘赣边共青团特委工作,根据地的党团工作随毛泽东的决策而发展。

湘赣边共青团特委始终在边界党组织的领导下开展工作,这种工作从很多井冈山斗争的文献中可以知道，是边界工农兵融为一体的一处处鲜活的生活。例如，儿童识字班、站岗、唱革命歌曲，在祠堂里，在大树下，在小溪边，都是共青团领导的少先队的成长故事。当时的湘赣边界特委成员、鄀县县委书记李却非还为识字班编写了课本。边界的文化的主角就是完备的共青团。党的助手、后备军，这些词汇来形容当时共青团的作用，在井冈山斗争时期就很恰当。

到1930年2月团的湘赣边界、赣西、赣南特委合并前夕，共青团湘赣边界特委管辖了团的永新、莲花、宁冈县委，遂川、鄀县临时县委，安福、茶陵特别区委，吉安西部区委，攸县特别支部。团员发展到8000多人，成为一支巨大的组织力量。

井冈山革命根据地的共青团组织，是土地革命时期我国农村恢复最早，发展最快的团组织，也是团员成分以学生知识青年为主转变为以青年农民为主最早的团组织。

井冈山革命根据地的团组织在斗争中采取首先建立根据地的坚实的组织基础，然后以此为中心，先山上后山下，先乡村后城镇，波浪式地向前推进的组织发展形式，是对中国共青团组织建设的一个创造。井冈山革命根据地团组织的建立和发展影响和推动了其他革命根据地团组织的建立和发展。

三 曲折发展

31 永新联席会议，反对冒进湘南

井冈山斗争时期，组织隶属关系比较复杂。湘赣边特委，当时中央规定隶属中共湖南省委、江西省委双重领导，重大方针决策须请示两省委，必须双方同意后，才算合法，才能实施。

毛泽东曾在1928年5月期间对这种组织隶属带来的不便，多次建议两省委转中央，但"未见奉准驳明文"。

1928年5月2日，毛泽东在永新以工农革命军第四军军委书记的名义向中央报告：

"两省边界距离仅十余里，两省省委历次管不到手，因同志的努力，党的组织活动都在天天发展中。但从三月间周鲁同志（湘南特委军事部长）来宁冈取消前委后，顿失中心，各自为政，起不良之现象。去年十二月前委即有建议组织边界特委，湘南省委及中央最好另派得力同志来做书记，事实上毛同志任军中工作很难兼职……这以宁冈为中心、罗霄山脉政权之建立，党之强有力，军力去造就，实现湘赣两省之革命根据地之一。此理毛同志等业已累次呈明在案，由湘南特委转湖南省委转中央，多次未见奉准驳明文，间从安源市委来信中偶有湖南省委已核准的话，但并非省委明示。"

然而历史不会因为中央、湖南省委、江西省委、湘南特委、井冈山前委的层层合法奉准而失去发展机遇。

毛泽东就是在这种复杂环境中善于担当责任的人。

三 曲折发展

1928年6月26日,湖南省委突然改变7天前"完全同意"毛泽东"以宁冈为大本营创造罗霄山脉中段政权的计划"。特派了巡视员杜修经等风尘仆仆到宁冈,指令毛泽东率红四军离开大本营,"立即向湘南发展""留下二百条枪保卫井冈山""杀出一条血路,向湘南资兴、耒阳、永兴、郴州一带发展",而且要"毫不犹豫地立即执行"。

毛泽东及边界特委、红四军军委很不理解,很为难。毛泽东在后来的《井冈山的斗争》中写道:"湖南省委对于此间的行动计划,六七月间数星期内,曾三变其主张。第一次袁德生来,赞成罗霄山脉中段政权计划。第二次杜修经、杨开明来,主张红军毫不犹豫地向湘南发展,只留二百枝枪会同赤卫队保卫边界,并说这是'绝对正确'的方针。第三次袁德生又来,相隔不过十天,这次信上除骂了我们一大篇外,却主张红军向湘东去。"

毛泽东就是在历史关键时刻为革命掌舵的人。

毛泽东在这封信中提到的"第二次",即1928年6月间,湖南省委要求红军"毫不犹豫地向湘南发展"。毛泽东则以事实为准绳,剖析了这次行动的利弊,没有执行湖南省委的指示。

贺敏学后来回忆"永新联席会议"这关键的一段历史:"毛泽东在6月30日晚上在永新县禾水边上的一幢旧式商会老楼上,召开了湘赣边特委、红四军军委、永新县委联席会议。"

毛泽东据理陈述了四军主力不能去湘南的六条理由:

第一,湘敌势力大,四军前去,必将虎落平阳;第二,四军刚刚按上次湖南省委指示安顿下来,深入土地革命,各县群众均已起来,不能离开边界;第三,湘南的经济已破产,不及边界筹款容易;第四,伤病员太多,移师会造成人心不安;第五,不去湘南正是矫正过去不太重视营造根据地的缺点;第六,宁冈地势好,只要政策得当,完全可以与敌人进行长期的斗争。

毛泽东的意见和建议,获得了朱德、陈毅、王尔琢等人的支持。

毛泽东在关键时刻稳住了阵脚。

32 上书湖南省委有理有节

湖南省委于1928年6月和7月,分别派袁德生、杜修经来到井冈山,指示毛泽东"要毫不犹豫地向湘南发展,只留二百枝枪会同赤卫队保卫边界","泽东须随军出发"。

这个指示与毛泽东"建立以宁冈为中心的罗霄山脉中段政权"的计划相冲突。

伟人毛泽东怎么巧妙处理下级组织与上级组织的关系,正确引导革命态势向正确流向发展?这段历史再一次显现了毛泽东实事求是、坚持真理的领袖风格。

史料上记载,7月4日,在永新禾水河边的商会老楼里,在微弱的油灯下,毛泽东代表湘赣边界特委和红四军军委向湖南省委写出了一封信,建议湖南省委收回"向湘南发展"的成命。

毛泽东提出建议格外谨慎,考虑问题也很周密。

信的开头首先说明信中意见并非个人考虑而是来自群众路线:"即于六月三十日夜上由特委、军委、永新县委开联席会议讨论省委来信,袁、杜二同志皆参加,决定四军仍应继续在湘赣边界各县作深入群众工作,建设巩固的根据地。有此根据地,再向湘、赣推进,则红军所到之处其割据方巩固,不易为敌人消灭。"

在罗霄山脉中段建立政权的意义在哪里?红四军不去湖南的理由在哪里?毛泽东陈述了六大理由:

三 曲折发展

一是毛泽东认为这支队伍虽然在三湾改编之后,队伍有极大进步和变化,但仍然存在"近于流寇"式的生活,经过一个月以来在永新、宁冈的战斗和生活,队伍才渐渐"懂得中央及省委上次主张建设宁冈大本营的政策是对的"。而现在马上又去湘南,会"使四军重新走入转徙游动的道路,四军之改造必更困难。"

毛泽东反对流寇式的纯军事主义活动。这一观点在1929年1月5日福建古田赖坊针对林彪"红旗到底打得多久"的悲观情绪,写的《时局的估量和红军行动问题》①为题的信,也再次重申自己态度。

二是毛泽东对敌情摸得很透。

湘南敌军计有桂系两师、二十一军向成杰一军(三千枪)、许克祥一师、吴尚一军,敌力大于赣西七八倍。所以毛泽东认为:我军一去,马上在吴、桂、向、许的包围中,恐招全军覆灭之祸。

三是毛泽东认为自己脚下站得很稳。

"宁冈能成为我军事大本营者,即在山势既大且险,路通两省,胜固可以守,败亦可以跑,且敌人绝对无法把我围着,若加上各县党和群众的基础,实在可以与敌作长期的斗争。"

四是毛泽东认为不向湘南绝不是保守的思想。

根据是什么?表现在哪里?毛泽东认为:现我们全力在永新、宁冈工作,日有进步,并向莲花、安福及吉安西南端推进,深入土地革命,创造地方武装,再能有一些功夫,敌人再来进攻,颇有胜的把握。

五是毛泽东认为向湘南去"补给很困难"。此时湘南各县被反动武装焚杀之余,经济破产,土豪打尽。连朱德所部所过之时,都无法筹到一文钱。

六是毛泽东认为自身队伍负担太重,尤其表现在伤病员增至近500人,队伍丢下伤病员去湘南,则军心不稳。

---

① 这封信最初以《时局的估量和红军行动问题》为题印发给红四军广大干部士兵阅读、学习。中华人民共和国成立后出版《毛泽东选集》时,这封信改题为《星星之火,可以燎原》。

33 "八月失败",杜修经"导扬其焰"

井冈山斗争史上的"八月失败",致使井冈山斗争从"全盛时期"转到"低潮挫折时期"。

萧克回忆:1928年7月24日打下郴州,二十八团住在城北边,二十九团住在城南边。将近黄昏,范石生的部队从北面反攻,因为队伍掌握不住,二十九团团长胡少海带着传令排也回来了,去湖南时这个团有1000多人,陆续回来的不过100人左右。我那个连有六七十人,45支枪,这样,二十九团余下来的全部一共只有100多人,八九十条枪。其余的往宜章方向走,后来听说都溃败了。

8月上旬,赣敌依仗强大军力和精良武器,向井冈山根据地发动了猛烈的进攻,为了保存实力,红三十一团不得不退往永新小江山区打游击,红三十二团和地方武装也退往各县山区。赣敌先后占领永新,随后占领莲花、宁冈、边界的县城及平原地区都为敌占区。

在永新,恶霸土豪保安队长龙镜泉带领白军,仅在永新县工农兵政府所在地、毛泽东住过的塘边村,烧毁了48幢房屋,11幢祠堂。

在宁冈、睦村、上寨一带白军烧了80幢民房,坝上村烧毁了300多间民房,古城西源村仅有30户人家130多人口就有40多人被白军杀害,茅坪村20多户民房被烧毁。当年的老苏区干部苏兰春等回忆统计:"八月失败"中,宁冈被杀人数达942人,坐牢229人,随军外出113人,阵亡117人。

三 曲折发展

杜修经当年是湖南省委特派员,在当时是个代表湖南省委的高层领导人物。毛泽东在《井冈山的斗争》中怒批他"导扬其焰":"杜修经导扬第二十九团的错误意见,军委亦未能加以阻止"。

朱德在1962年重上井冈山时在井冈山革命博物馆时,谈道:"八月失败"是湖南省委代表杜修经起主要作用。

假如历史可以重来,完全按照毛泽东坚持在罗霄山脉中段发展的策略,"八月失败"是不会出现。

但历史没有假如,从来都是直播。

就在毛泽东上书湖南省委陈述坚持在罗霄山脉中段发展后的第3天,即1928年7月7日,湖南吴尚所部和赣敌王均所部"会剿"井冈山。

三十一团在永新应敌,三十二团在宁冈境内应敌。

朱德、陈毅、王尔琢率部二十八、二十九团西进袭击湖南的酃县、茶陵县。意在迫使敌人回援,放弃"会剿"。湘敌果然退往茶陵,朱德、陈毅、王尔琢率红军大队折回宁冈,增援永新。

7月12日,二十九团回井冈山途中,进至酃县,一场意外发生,二十九团士兵借口执行湖南省委向湖南发展的指示,瞒着军委朱德、陈毅独自开往湘南。杨克敏在1929年的报告中说:"私下找好带路的人,出动的时间都决定了。"二十九团的变故,也影响了二十八团,二十八团官兵也不愿回永新,提出要去赣南。

朱德、陈毅深感事态严重,决定开会统一思想回井冈山。

7月15日,湖南酃县的沔渡,朱德主持召开军委扩大会议。

历史关键时刻,杜修经这个湖南省委特派员扮演了一个不该扮演的角色:怂恿二十九团应该去湘南!

陈毅提议必须有人回宁冈请示毛泽东再做定夺,杜修经自告奋勇回井冈山宁冈见毛泽东。

历史还有一个人似乎在开玩笑。

他就是当时的二十九团党代表龚楚，历史记载这是一个两次入党两次脱党的摇摆人物。杜修经20世纪90年代还想起了龚楚对自己所说的话："等你一天，你不来，我们就走了。"

历史往往不能按当事人的意愿去发展。

杜修经飞马回到井冈山宁冈茅坪，但他并没有见到毛泽东，只见到了当时的边界特委书记杨开明。杨开明很轻率，杜修经多年以后也想起了杨开明的话："既然你们决定了，那就走吧，老毛那里，我跟他说。"

就这样，杜修经回到队伍，部队开往湖南。于是有了"八月失败"。

20世纪90年代，杜修经带着对历史的愧疚和自责，回到了井冈山，写下了沉痛的忏悔之言。

杜修经描述：正当革命事业向前发展的时候，我却破坏了这一事业，造成了井冈山斗争的"八月失败"，使年轻的红军损失一半，边界政权尽失，被杀之人、被焚之屋，难以数计，几毁革命的根基，其错误是严重的。半个世纪后的今天，在人民革命战争胜利的凯歌声中，重忆"八月失败"的经过及其先后，我仍然内疚之深，寝食难安。

三 曲折发展

34 永新困敌后重返井冈山

二十八团、二十九团冒进湖南,边界军事实力顿减,毛泽东及其率领的三十一团、三十二团面临着湘敌吴尚和赣敌王均所部的11个团的"会剿"。

在历史的风口浪尖,毛泽东以非凡的胆略和杰出的指挥艺术,创造了井冈山斗争的一段奇迹——永新困敌。

这段经历与20年后的"转战陕北"有惊人的相似。

1928年7月中旬,毛泽东在永新西乡召开干部会议,把三十一团分成东、北、中三路队伍,成立了战前行动委员会,毛泽东亲自任总指挥。

东路为第一营的第二、三连,由毛泽覃任书记,陈毅安指挥。

北路为第三营的第六、七连和第一营的第一连,由宛希先任书记,伍中豪指挥。

中路为团部的特务连和第三营第九连,由何挺颖任书记,朱云卿指挥。

永新县委动员了上万名群众配合红军袭扰敌人。

永新城境内30里方圆,毛泽东发动群众,游击战术,硬是困敌达25天。

一年之后,杨克敏在《关于湘赣边界苏区情况的综合报告》中总结了这次困敌毛泽东的成功之处:"我们所占的优势是:(1)地形熟谙;(2)敌情较明;(3)以逸待劳;(4)历次败敌,敌畏我威;(5)每次作战都有群众参加；(6)采用游击战术。所以我们得以极少的部队与多数倍于我们之敌周旋十余日至二十五日之久，敌终无奈我何。"

毛泽东在《井冈山的斗争》中感慨："设我大队不往湘南，击溃此敌，使割据地区推广至吉安、安福、萍乡，和平江、浏阳衔接起来，是完全有可能的。"

毛泽东刚刚摆脱了井冈山根据地受敌几个团的严峻危险，偏偏这时候又跳出来个湖南省委特派员袁德生，惹得毛泽东一阵怒骂。

既然省委认为湖南的局势异常高涨，那么，请问，湖南的工人运动怎么样？有无罢工？学生运动如何？有无罢课？白军工作如何？有无哗变？农民斗争如何？有无新的武装暴动？

以上是1970年刘型回忆在永新九陂村连以上干部会议上，毛泽东怒批这个省委特派员袁德生，因为袁德生又带来一个湖南省委的指示：红军向湘东发展。

毛泽东始终实事求是，建立巩固的罗霄山脉中段割据政权。

刘型回忆，会后，毛泽东亲率三十一团第三营前往湘南迎还朱德、陈毅的红军大队，只留下了三十一团第一营和特务营会同三十二团固守井冈山。

毛泽东在《井冈山的斗争》中写道："大队已不在，我一团兵复疲惫不堪，乃决留一部分会同袁、王两部守井冈山，而由我率兵一部往桂东方向迎还大队。此时大队已由湘南退往桂东，八月二十三日我们在桂东得到会合。"

杜修经回忆，毛泽东见到他，第一句话就是问"朱军长怎么样？朱军长还好吧？"

毛泽东见到陈毅时说："这次来同三十一团做了工作的，不讲二十八团的缺点，你可放心，打仗如下棋，下错一着棋马上就输，取得教训就行了。"

毛泽东任行动委员会书记，将红军大队带回井冈山。胆量和度量在这里闪光。

井冈山斗争的很多史料也是当年的特派员杜修经后来回忆的。杜修经在回井冈山的途中，是否在想毛泽东6月28日永新联席会议上的发言？"湖南敌人太强大了，我们冒进湘南就像虎落平阳，井冈山地势险要，即使敌人来攻，我们也有胜利的把握。"杜修经是否在想在7月15日沔渡会议上朱德和陈毅的发言？"即使我们要去湘南，也要派人回去报告特委，报告毛泽东。"

历史不能重演，只有对形势对前途的多做一些正确的判断，我们的弯路才会少一些。

35 "留却重任谁承受?"

中华人民共和国成立以后,周恩来视察筹建中的革命历史博物馆,发现早期牺牲的烈士中没有王尔琢的照片,便对工作人员交代:"要千方百计征集到王尔琢的照片。"现在革命历史博物馆那张王尔琢的照片,就是在周恩来关心下找到的。

王尔琢这个黄埔一期的高才生,1928年随朱德、陈毅的南昌起义余部上井冈山,首任朱毛会师后的二十八团团长,竟牺牲于手下一个叛徒、二十八团二营营长袁崇全的枪口之下,不能不说是井冈山斗争的一大损失。

陈毅事后回忆说:"这是红军一大损失。"

朱德在王尔琢牺牲后兼任了二十八团团长,以此来抚慰心中极大的失落。到1928年10月份把二十八团团长的职位交给了另一员虎将——林彪。

1928年8月25日,二十八团撤至桂东寨前圩,绕道崇义、上犹返回井冈山时,担任前卫的正是二十八团二营4个步兵连和机炮连、迫击炮连,统领者为二营营长袁崇全。

粟裕回忆,袁崇全早有反叛之心,受不了井冈山的艰苦生活,从湘南撤离后,他一直在寻找机会,设法把6个连带走去投靠赣敌独立七师刘士毅。

袁崇全回井冈山途中种种不轨行为引起了机枪连党代表何笃才、六连党代表赵尔陆和四连连长粟裕等人的怀疑。他们将袁崇全不能完全掌握的四个连脱离了营部,带回到了军部朱德、陈毅身边。

王尔琢

　　欧阳毅，这个当年随萧克上井冈山的湘南游击队员，后来延安时期又随西路军西征，部队打散后靠乞讨回到延安的"老井冈"，回忆了井冈山斗争王尔琢牺牲经过。

　　欧阳毅回忆：团长王尔琢仅带一个警卫排追到崇义县思顺圩，袁崇全、杜松柏几个人正在一个旧祠堂里喝酒，听到王尔琢喊他们回去，手持双枪冲出来，对着站立在祠堂之外没有隐蔽的王尔琢连开几枪。

　　王尔琢的牺牲，朱德抱着王尔琢尸首痛哭不已，毛泽东写下了那副著名的挽联：

　　一哭尔琢，二哭尔琢，尔琢今永矣，留却重任谁承受？
　　生为阶级，死为阶级，阶级后如何，得到太平方始休。

36 黄洋界保卫战——"边界名战"

井冈山斗争时期的黄洋界保卫战的胜利,为红四军主力回师井冈山,打破国民党军的第二次"会剿"创造了条件。1928年11月25日,毛泽东肯定其为边界名战之一:"是役保存了我们最后的根据地,且使敌胆为寒,不敢轻视红军,为边界名战之一。"

1928年8月下旬,二十八团、二十九团冒进湘南未归,毛泽东又率三十一团的第三营前往桂东方向迎还红军大队,湘敌与赣敌再次合谋,第二次"会剿"井冈山根据地。

这次湘赣两省敌人集中7个团的兵力,一路由砻市、茅坪方向袭来,一路由永新石门、罗浮方向袭来。

历史记住了红军指挥员三十一团团长朱云卿、三十一团党代表何挺颖、一营营长陈毅安,也记住了三十二团团长王佐这些红军和地方武装的英雄们。

关于黄洋界保卫战,有很多关于红军英雄的故事,因为这次毕竟是一次"以少胜多"的战例,人们自然赋予这些红军英雄许多神奇与壮烈。军民联手,朱云卿布置了"五道防线",那是根据当事人杨至诚的回忆了解的。

杨至诚是来自贵州的一个侗族青年,黄洋界保卫战时是井冈山留守处主任,中华人民共和国成立后1955年被授予上将军衔,曾任解放军的后勤部长,他回忆:第一道是竹钉战,第二道是竹篱笆障碍,第三道是壕沟,第四道是滚木石头,第五道是射击掩体。算是"铜墙铁壁"了。

三　曲折发展

　　陈士榘回忆在《从井冈山走进中南海》中这样写道：朱云卿、何挺颖、陈毅安在战前和战士们还唱了"空城计"改编词，我当时是一营副营长，至今回忆起来，仍感到格外亲切。

　　当时任第一连副党代表的刘型，是安源工人上井冈山的领头人，这样回忆：8月30日，云雾消散，敌人开始向我发动进攻。下午四时，我们二十八团留在茨坪修械所的一门刚修好的迫击炮抬了上来，仅有三发炮弹，前两发没响，第三发落在敌人在山下腰子坑的指挥处炸开了。敌人以为红军主力回来了，逃之夭夭，溜回酃县境内去了，我们阻止了敌人的进攻，保卫了井冈山，取得了伟大的胜利。

　　9月上旬，毛泽东率领三十一团三营迎还朱德、陈毅的大队回到湖南桂东途中，所闻黄洋界保卫战的胜利，吟就了伟大诗作《西江月·井冈山》。

　　毛泽东的很多诗词都是特定时期中国革命的真实记录，这首《西江月·井冈山》就是其一：

> 山下旌旗在望，山头鼓角相闻。
> 敌军围困万千重，我自岿然不动。
> 早已森严壁垒，更加众志成城。
> 黄洋界上炮声隆，报道敌军宵遁。

黄洋界

37 80个万安农民上井冈山

1928年8月下旬到9月初，毛泽东迎还红军大队回井冈山途中，险象环生。伟人毛泽东往往在低潮挫折时期，凭着杰出的军事天赋和深远的谋略，又都能化险为夷，而且常有绝处取胜的浪花。

毛泽东向中央报告：我军经崇义、上犹到井冈山之际，赣西独立第七师刘士毅欺我败残，以五营追我至遂川。

9月12日，红军大队行至遂川堆子前，朱德作如下部署：二十八团和遂川赤卫大队一分队打前锋，攻入遂川县城，然后杀"回马枪"；三十一团和赤卫大队二分队作为后续部队，晚两小时出发，攻敌之后，炊事后勤人员全部跟随二十八团首先入遂川，迷惑敌人。两队形成南北夹击。

毛泽东后来向中央报告了战遂川情况。

报告说：我队四营进攻刘士毅，破之于遂川城，缴枪二百五十，俘营长连长各一名，排长三四，士兵二百余，余部退赣州。

毛泽东没有提及这次战遂川还有一个胜利，即击毙了杀害二十八团团长王尔琢的叛徒袁崇全。

这次战遂川，还有一个收获。

毛泽东在《井冈山的斗争》提到："万安县委一月间曾和我们在遂川开过一次联席会议，大半年被白色势力隔断，九月红军游击到万安，才又接一次头。有八十个革命农民跟随到井冈山，组织万安赤卫队。"

东路行委指挥是陈毅，是他从万安带了80多个农民到井冈山，其中

三 曲折发展

有一重要人物——康克清。

康克清回忆：

晚年康克清

一九二八年中秋节过后，大概是九月间，陈毅同志带领一个营红军来到了罗塘湾。红军纪律严明，秋毫无犯，宿营在村头……我们组织妇女主动给红军筹集粮食、蔬菜，把地主的猪捉来杀了……红军见敌人兵力强大，立即撤走。我们也跟着红军走了。开始跟红军走的有一百多人，其中有七位女同志……有些人由于吃不得苦，不愿离开家，半路上溜走了，最后只剩下八十人。这一点毛主席在《井冈山的斗争》一文中提到过。

带领我们跟随红军上井冈山的是游必安，他是个大学生，懂一点军事，是我们的队长。当时万安县苏维埃政府主席刘光万也同我们一起随红军到井冈山。我们上井冈山，是从遂川黄坳、堆子前上山的，当时路很不好走，只有一条羊肠小道。我们驻在井冈山下遂川的一个叫小井的地方，任务是把守这一带路口。在山上，我们吃的是红米饭、南瓜汤。一九二九年一月，我们离开了井冈山，跟随毛泽东、朱德向赣南、闽西开辟新的根据地。在崇义上下烟过的阳历年，到大余休整了一段时间，在瑞金过阴历年，在大柏地与敌人打了一仗。这时遂川游击队回遂川去了，我们改编为万（安）泰（和）游击队。一九三〇年二月，我们又回到东固，这时万泰游击队一部分人回到了万（安）泰（和）。我留在吉安陂头赣西特委，在军部直属队担任副指导员。

这段文字是康克清在《上井冈山去》中的回忆。康克清从小是个童养媳，但参加识字班后，思想也解放了，反对裹脚，反对公婆打儿媳，看到陈毅的队伍来了，与反动军队不一样，便下了决心跟他们走。这一走，走上了井冈山，走到了苏区，走过了长征，走到了天安门，随她一起走到底的也许80个万安农民没有了几个，历史资料上也无从查起，但哪怕只有一个万安的康克清走出来了，也代表万安当时革命的人民的意志和信仰。她是女中豪杰。

38 恢复根据地

1928年9月26日，毛泽东、朱德率红四军主力回到了井冈山茨坪，休整数日之后，传来消息：驻宁冈新城的周宗昌营将血洗茅坪。

茅坪是红军的大本营、根据地党政机关所在地，毛泽东决策保卫茅坪。

新任二十八团的团长林彪奉命在茅坪的"坳头垅"设伏歼灭来犯之敌。毛泽东率三十一团从牛亚陂占领西山制高点，袁文才率三十二团二营在坝上村截断来敌退路，集中了6个营的优势，"坳头垅"伏击战仅用半小时结束。

1928年11月25日，毛泽东在《井冈山的斗争》中记到："十月一日，与敌熊式辉部周浑元旅战于宁冈获胜，收复宁冈全县。"

为了恢复井冈山根据地，毛泽东接连发动了宁冈县城和永新县城的战斗。

萧克上将回忆：第一战打新城，击敌一营。第二战打了四教书院，又击敌一营。第三战打永新城，未胜，撤出战斗，但整个战役我们是胜利的，收复了新城、龙源口一带，打击了敌人，巩固了宁冈，对边界恢复有不小的意义！

毛泽东在《井冈山的斗争》中记载："十一月九日，我军又击破周旅一个团于宁冈城和龙源口。翌日进占永新，随即退回宁冈。"

到1928年11月，根据地得以恢复，关于其范围，毛泽东这样写道："南自遂川井冈山南麓，北至莲花边界，包括宁冈全县，遂川、酃县、永新各一部，成一南北狭长的整块。"

毛泽东军事思想有很多是创造性的理论，这些理论都是来自一次次的战斗和战役的总结。

从井冈山斗争开始，毛泽东就善于总结战例，缴了多少条枪、牺牲了多少战士、俘虏了多少敌人，数字清清楚楚，不但有数字，还有对战例的分析，优势在哪、不足在哪，不仅全面，还很透彻。从井冈山后，中国革命从胜利走向更大的胜利，有了大战场、大战役，毛泽东军事思想游刃有余，活灵活现。在刘邓大军千里跃进大别山时，毛泽东指示，下决心不要后方，跃进就是胜利，彻底打破了敌人的防御部署，拉开了战略进攻的序幕。辽沈战役一结束，毛泽东命令东北野战军提前入关，再一次打破敌人的防御部署。在西柏坡最小最简陋的指挥所里，指挥了最大的三大战役。毛泽东把从井冈山斗争开始的马克思列宁主义基本原理和中国革命的具体实践相结合，使中国革命的面目为之一新。

39 红军队伍像座大火炉

毛泽东在《井冈山的斗争》中提到一个历史人物：毕占云。

"我军经崇义、上犹向井冈山进军之际，以此时湘敌驻桂东的阎仲儒部有126人投入我军，编入特务营，毕占云为营长。"

毕占云在中华人民共和国成立后任河南军区副司令员，他回忆了在井冈山斗争怎样投奔红军的经过：

我是阎仲儒部下八团的一个营长，下有三个连，其中有两个连长是武汉政治学院毕业的共产党员。这两个连长在士兵中教唱《国际歌》和《少年先锋队队歌》，被上司发现进行追究，我就要他们离开部队，并给了他们点路费。

这件事发生后，我营被改编为连，部队开往醴陵、茶陵、安仁一带。1928年8月，朱德部与我部在距桂东六十里的地方相遇，两军只相距一百多米，进行交锋，我连没有下决心打，朱德部安全走了。

我决定参加红军，在遂川大汾附近，陈毅同志来找我们部队，10月，我们到达宁冈，编为红四军特务营，毛泽东常来特务营了解情况，关心干部和战士，进行政治教育，给我们很大鼓舞。

毛泽东在井冈山时期就很注重统一战线工作，瓦解敌军，这项政策何长工是实施得较早。据说，何长工俘获了毕占云手下一个班，连人带枪放了俘虏，受到了毛泽东和朱德、陈毅的赞赏。

毕占云

另一个在井冈山斗争时期投奔红军的国民党军官叫张威,云南人,史料上记载其染上了赌博,输掉了军饷,走投无路,宜春地下党组织及时掌握了这一情况,地下党员对张威反复做思想工作,张威遂于1928年11月在莲花率部投奔了共产党。

张威投诚后改编红军独立营,任为营长。遗憾的是张威在1930年红四军下山后在大余战斗中牺牲。

毛泽东说:"红军像一个火炉,俘虏兵过来马上就熔化了。"

火炉烧的不是火,是力量,一种有火焰的力量。这些火,照亮了许多有志之士到红军中来,特别是从国民党阵营中过来那些官兵,那真是一个奇迹,因为国民党的兵是有衣穿,有饭吃,有薪水,特别是官长还有油水,而红军在井冈山时,没有统一兵服,吃野菜南瓜,睡门板,盖稻草。什么力量让这些人过来?就是毛泽东实行了一套有感情的、行之有效的优待俘虏政策,尊重人格,平等待遇,释放或改造俘虏,还有对被敌利用的不明真相的群众进行特殊处理等。这些俘虏和群众不再与红军为敌,并成为红军重要的兵员补充。

三　曲折发展

40 "九月洗党"，思想建党

把列宁的建党学说发展到极致的是毛泽东。在井冈山时期，毛泽东的建党思想就趋于明确。

思想上建党是毛泽东的创造。

1928年9月以后，湘赣边界开始"力行洗党"。"洗党"实际上是党的整风运动。

毛泽东在《井冈山的斗争》中向党中央报告了为什么"洗党"。

召开群众大会，挂起公开招收党团员的牌子，由群众报名参加，有的还采取串联发展法或拉夫式的方法，一时永新县有党员4000余人，宁冈县有党员近3000人，莲花县增至800余人，边界各县党员数量增到一万以上。

毛泽东注意到这个不切实际的建党活动。

在1928年10月5日，边界党的二大上这样批评：

党组织扩大，完全是注意数量的发展，没有注意质量上的加强，党与阶级没有弄清楚，而且是拉夫式的吸收办法。这样将使党的组织破坏殆尽，其结果必变成不能斗争的党。

湘赣边界在这种特殊时期是怎样洗党的？

宁冈县老苏区干部朱开卷曾经回忆：

那里担任我区党工作的主要负责人是陈东日，1928年6月，全县

1000多名党员，大陇区有400多名，洗党是从支部开始。陈东日到支部里与支部书记和两个可靠的党员研究，研究哪些党员不符合条件应该洗刷，哪些党员不应该洗。凡是有亲戚在国民党反动派做事的、当兵的，不服从指挥的、不愿干革命的、社会关系不好的，就尽量洗刷。洗刷的党员不宣布也不通知，开会不叫参加，重新立过党员花名册。

整个边界上万名党员，被清洗的有4000人左右。毛泽东向中央报告：党员数量大为减少，战斗力反而增加。

在第三次反"会剿"中，很多党员干部被迫转入深山老林，饮冰卧雪40余天，却没有出现一个叛徒。

在井冈山的白银湖，当年老表第一次分得了土地，由衷地喊出了"共产党万岁！"这不是口号，是农民对共产党的感恩，是祝福。因为他们希望共产党能领导他们世世代代。

井冈山时期，党的建设面临那么多困难，毛泽东在马克思列宁主义的经典著作中找不到现成答案，他也不必找，他一生就是爱创造。他的老师就是社会，就是实践。他把马列主义党建原则与革命实践相结合，成功地解决了在井冈山斗争环境下党的建设与发展等一系列问题，丰富和发展了马克思主义建党学说。在1929年的古田会议时，他指出："红军第四军的共产党内存在着各种非无产阶级的思想，这对于执行党的正确路线，妨碍极大。""不提高党内政治水平，不肃清党内各种偏向，便决然不能健全并扩大红军，更不能担负重大的斗争任务。"井冈山的"九月洗党"是我们百年建党路上的一个成功的案例。

三 曲折发展

41 在革命低潮时期加强党员干部培训

越是经历曲折和挫折，毛泽东越是冷静沉着，这时候的毛泽东总能廓清迷雾，为革命指明前进的方向，这一点在井冈山斗争时期和抗日战争时期、解放战争时期，都得到了充分的证明。

"八月失败"以后，边界群众和军队都有同志被暂时的恐怖和困难所吓倒，甚至再次出现了"红旗到底打得多久"的怀疑阴霾。

为此，毛泽东主持召开了湘赣边界第二次代表大会。

毛泽东作了《政治问题和边界党的任务》①的重要报告。

为什么党史上指出这次大会召开标志着毛泽东"工农武装割据"和"红色政权理论"的初步形成？

我们来看看毛泽东这个重要报告的六个方面就知道这次会议的历史意义了。

国内的政治状况；中国红色政权发生和存在的原因；湘赣边界的割据和八月的失败；湘赣边界的割据局面在湘鄂赣三省的地位；经济问题；军事根据地问题。

---

① 《政治问题和边界党的任务》是1928年10月5日毛泽东为中共湘赣边界第二次代表大会写的决议的一部分，后改名为《中国的红色政权为什么能够存在？》，收录《毛泽东选集》。该决议进一步总结井冈山斗争和各地建立红色政权的经验，论证了中国红色政权存在和发展的规律，提出了"工农武装割据"的光辉思想。

毛泽东把当时的"左"倾盲动主义和"红旗到底打得多久"的右倾悲观思想批驳得体无完肤，毛泽东的报告就像是一盏明灯，鼓舞了边界群众和军队对创建井冈山根据地和建立罗霄山脉中段红色政权的信心，再次使边界党的思想达到了统一。

毛泽东在这一时期又有一个伟大的创造，即进行党的干部培训，举办了"训练班"。为什么办党员干部训练班？

毛泽东在边界党的二大《决议案》中说："过去各地党之所以没有力量，就是因为党员没有训练，甚至入党式都没有过，现在每个党员都须进行党的基本理论的训练。"

三 曲折发展

42 中央给前委的指示信5个月后才收到

毛泽东是中国共产党和中国人民的伟大领袖,这个领袖的位置并非一朝而至、一蹴而就。其间由于受党内斗争的风风雨雨和外部受敌人包围环境的困扰,毛泽东历经了各种困难的残酷考验。

在井冈山斗争时期亦是如此。

1928年3月,中共湘南特委派代表周鲁来到宁冈,指责毛泽东及前委行动太右,烧杀太少。取消了前委,将前委改为师委,何挺颖当师委书记,毛泽东任师长,致使"各县工作,顿失中心"。后来,赣西特委转来江西省委的指示信:"要组织湘赣边界特委。"1928年5月20日,在宁冈茅坪谢氏慎公祠,召开湘赣边界第一次党的代表大会,选举了毛泽东任特委书记,特委也是当时边界党的最高领导机关。

1928年7月,湖南省委又派来特派员杜修经,随朱德、陈毅率领的红军大队冒进湖南,在湖南酃县的沔渡又组织了前委,任命陈毅任前委书记。

"八月失败"后,毛泽东率领三营到湖南桂东迎还朱德、陈毅的红军大队回井冈山,在桂东的唐家大屋召开了前委扩大会议,会议决定将前委改成行动委员会,推举毛泽东任书记。

1928年11月2日,毛泽东收到了中央给前委的指示信,这封指示信的落款时间6月4日,即近5个月后,毛泽东才收到这封指示信。

毛泽东异常高兴,因为中央再次指示,"有前敌委员会组织之必要",

这和毛泽东的想法如出一辙。

毛泽东后来回忆说，这封信好得很，纠正了我们许多错误，解决了这边许多有争议的问题。

中央这个重要来信到底解决了什么问题？

1. 指示成立的前委任务，就是在湘赣或湘粤赣边界发展广大的工农群众，实行土地革命，造成割据的局面，向四周发展。

2. 指示部队可以正式改成红军。

3. 指示成立前敌委员会，所有管辖区内的工作完全受前委指挥，指定由毛泽东、朱德、一工人同志、一农民同志及前委所在地党部的书记五人组成前委，毛泽东任书记。

毛泽东再次由组织任命为红四军前敌委员会书记，成为边界所有管辖区内党政军的最高领导人。

三 曲折发展

43 "斗争的布尔什维克党"的建设，真是难得很

边界多县党组织的思想建设问题，一直让毛泽东深思，他在给中央的报告《井冈山的斗争》中写道："'斗争的布尔什维克党'的建设，真是难得很。"

史料文献中很少见被毛泽东称之为"困难"的问题，可见此事当时确实让大家感到困惑。

井冈山边界多县党组织到底有什么棘手的问题？毛泽东写给中央报告中说，"边界多县的党，几乎完全是农民成分的党"。

"党在村落中的组织，因居住关系，许多是一姓的党员为一个支部，支部会议简直同时就是家族会议。"

后来的老干部苏兰春回忆：多村的组织也有一些宗族裙带关系，例如宁冈县委书记龙超清，姐夫刘克犹当县委组织部部长，姐夫刘辉霄当上了县委宣传部部长等等。

这些宗族裙带关系无疑在工作和战斗中带来了地方主义的思想和行为。

毛泽东说："反革命两省的'会剿'，使人民在斗争中有了共同的利害，才可以逐渐地打破他们的地方主义。"

毛泽东在井冈山斗争时期不但有丰富的斗争经验，而且也深谙革命理论。他当然知道这种地方主义障碍来自于当地农民狭隘的小生产者观念，也同井冈山封闭落后的农村经济有关。

"说共产党不分国界省界的话，他们不大懂，不分县界、区界、乡界

的话，他们也是不大懂得的。"

但毛泽东找到了解决问题的根本途径，那就是始终指示用无产阶级思想去领导党的工作。

毛泽东亲自到永新秋溪乡开展党建工作，当时的塘边村由1个支部发展到11个支部，又派毛泽覃去宁冈县乔林乡做党建试点工作，在乔林乡300人的村庄发展了30名贫苦农民党员。明令一切赌徒烟鬼等不良分子不能加入党组织。

毛泽东在宁冈象山庵举办了第一期党团员培训班，后来又分批培训党员干部。毛泽东看到了党的建设工作的根本就是要从思想建党。但边界的战事如此之多，军事训练和党建工作要同时进行，确实有一定的难度。陈正人回忆，井冈山斗争时期平均每9天打一次仗，不是天天打仗吧，几乎是月月打仗。连紧迫的士兵的军事训练都没有时间，哪里还有时间进行思想训练呀。所以，毛泽东给中央的报告中写道："军事技术太差，作战只靠勇敢。长时间的休息训练是不可能的，只有设法避开一些战斗，争取时间训练，看可能否。"但毛泽东不会因为战事紧而忽略思想建党的大事，伟人的思维往往是创造性的，他抓住了战事之间的空隙，这也起到了意想不到的效果。

1927年3月间，酃县中村的一片稻田里，毛泽东利用战事间隙开展授课，讲中国革命的特征，讲农民和地主的矛盾，城乡矛盾，讲中国革命为什么要从农村做起。毛泽东说，要坚决执行党的路线，要对战士进行党的路线的教育，党的领导机关要有正确的指导路线，否则会离开无产阶级的领导，走向军阀主义的危险。

44 土籍的党，客籍的枪

井冈山斗争时期宁冈、永新各县表现出来的地方主义，让毛泽东深感党的思想建设的困难。

陈正人回忆：有了地方主义，各地革命斗争就得不到互相配合，只顾自己地区的局部利益，保守自己的地方，兄弟地区有困难也不互相帮助。

杨克敏在《关于湘赣边苏区情况的综合报告》中也谈道："地方主义在永新特别严重。"

这种地方主义以另一种形式出现在边界就是"土客籍矛盾"。在边界实际上指的是边界党内以土籍领袖龙超清等为代表的政治势力，同以客籍领袖袁文才等为代表的势力之间的对立。

土客籍问题被毛泽东写进了《井冈山的斗争》："边界各县还有一件特别的事，就是土客籍的界限。土籍的本地人和数百年前从北方移来的客籍人之间存在着很大的界限，历史上的仇怨非常深，有时发生很激烈的斗争。"

土客籍的矛盾并非井冈山斗争时期产生。历史由来已久，数百年前由北方迁移而来的土籍人，与近 300 年以来由广东福建迁移而来的客家人，积怨甚多，在宁冈、永新、酃县的表现尤甚。平地、良田多为土籍人所有，山地、瘠田多为客家人所有，而在当时小农经济时代土地是农民生存的唯一资源。

毛泽东谈道："这种土客籍的界限，在道理上讲不应引到被剥削的工农阶级内部来，尤其不应引到共产党内部来。然而在事实上，因为多年遗留下来的习惯，这种界限依然存在。"

1928年2月21日，宁冈县工农兵政府成立，毛泽东推举泥腿子文根宗做主席，因为他活捉了反动县长张开阳立了功，但他是土籍人，仅做了三个月，客籍人便反对，只好让客籍人理发匠甘鑫煌也做了一个月的宁冈县工农兵政府主席。

军委和永新县委联席会议决议枪决反动人物龙怡奎，结果，永新县委把龙怡奎放了。这又是一个事例。

"八月失败"后，一些摇摆的土籍人带着反动军队去烧客籍人的房子，红军回来后，一些客籍人又去没收土籍人的财产，两派矛盾不断发生。

毛泽东决定从两派的革命人物教育着手。史料记载，为此毛泽东批评了土籍人代表龙超清、刘辉霄和客籍人代表袁文才、刘克犹。为避免矛盾的恶化，毛泽东将袁文才调到了红四军任参谋长，刘辉霄任前委秘书长，龙超清由宁冈县调到莲花县工作，宁冈县委书记改由何长工担任。

土客籍的矛盾暂时得到了化解。毛泽东了解地方主义的办法一是开展社会调查，二是查看地方书籍。在永新的西乡，在宁冈的坝上，他和老农交流，不分场合，田埂、地头、大树下、屋檐下，都是了解地方的好渠道。化解矛盾，不搞小圈子、小山头、小团伙，毛泽东知道这才是维护党的原则条件的好方式。当38年后，毛泽东重回井冈山，握住当年牺牲的袁文才和王佐的遗孀的手，一句"袁文才、王佐不在了，他们为中国革命的事业做出了贡献"，他一定回忆起当年土客籍的一些往事。

45 井冈山老表的"埃政府"

1927年11月28日,工农革命军打下了反动统治的茶陵县城,成立了第一个工农兵政府。1928年1月24日打下了遂川县城,成立的红色政权称作"人民委员会"。1928年2月21日打下了宁冈县城,成立的红色政权也称作"人民委员会",到1928年5月井冈山根据地的红色政权统一改称"工农兵苏维埃政府"。

这个"埃"字发音与客家人自称"我"发音谐音,所以老百姓亲切地称"苏维埃"政府为"埃政府"。

1928年5月下旬,毛泽东率领的工农革命军已将红色区域发展到7200平方公里,横跨"六县一山",即茶陵、遂川、宁冈、永新、酃县、莲花、井冈山。成立了湘赣边界工农兵苏维埃政府,下辖各县红色政权。

应该说,毛泽东已将湘赣边界工农兵苏维埃政府打造成具备"共和国"雏形,其下设土地部、军事部、财政部、政治部、工农运动委员会、青年委员会、妇女委员会等。

一群工农劳苦大众从斗争中成长起来的革命志士,从来都没有任何执政经验,更何况这是一个完全区别于旧社会、旧世界的前所未有的新政府,靠什么让老百姓亲切地称为"埃政府"?

三湾改编后,毛泽东明确提出"政治民主,军事民主,生活民主"。1928年10月,毛泽东明确规定党内民主集中制的具体形式,提出健全各级苏维埃执行委员会的办事制度,采取"两条措施":一是"厉行民主集中

茶陵县工农兵政府旧址

制",改变"民主集中主义在政府委员中亦用得不习惯"的不良现象;二是对少数苏维埃政府中的贪污腐化分子进行彻底清理和严肃处理。毛泽东明确提出要让"民主集中制"在革命斗争中显示其效力,成为让群众"看得见摸得着"的东西。

虽然那个时代还没有出现"党政分开"的时代性词语,但在井冈山斗争时期已经实践得游刃有余,而且总结成了经验,向中央报告。报告中说:"以后党委要执行领导政府的任务""党的主张办法,除宣传外,执行时必须通过政府的组织,国民党直接干政的错误是要避免的"。

这样的新政权、新政府,也是地主富农分子和旧知识分子想方设法钻进去保存自己、争得利益。毛泽东敏锐地觉察到这些不良现象,毫不客气地教育各乡区苏维埃干部。

毛泽东在《井冈山的斗争》中写道:"初期的政府委员会中,特别是乡政府一级,小地主富农争着要干。他们挂起红带子,装得很热心,用骗术钻进了政府委员会,把持一切,使贫农委员只作配角,只有在斗争中揭破了他们的假面,贫农阶级起来之后,方能去掉他们。"

毛泽东开人民当家做主的政权建设的先河。

46 "八月失败"后,红四军在宁冈整训了一个月

1928年9月,毛泽东率三营在湖南桂东迎还红军大部队,在回到井冈山茅坪大本营的路上,历经了遂川战斗,打退了尾随之敌赣敌独立第七师第五营,击毙了叛徒袁崇全;在宁冈进行了坳头坳伏击战,收复了宁冈;与周浑元旅二十八团激战永新,四占永新城,赣敌再不敢贸然进犯井冈山。

11月13日,根据中央来信毛泽东仍为前委书记的指示,前委召开了大会,重组了前委。

毛泽东提出:转战千里七八个月来能得到休息的机会,迭经巨战,党委干部人才已伤之殆尽,决定在宁冈境内进行一次大规模的整训。

毕占云将军后来回忆:"前委决定红四军全军进行整训,时间大约在11月9日以后,天气已经变冷了,地点在宁冈县城和城郊,整训内容主要是进行思想、政治教育,整顿军队党的组织,整顿士兵委员会,解决官兵之间、士兵之间的矛盾。"

林彪就是在这次整训期间,被调整任二十八团团长的,同时调整的还有,伍中豪任三十一团团长,朱云卿任红四军参谋长。

可惜伍中豪和朱云卿后来牺牲了,伍中豪是伤好归队路过安福被反动地主团丁杀害,朱云卿是在吉安东固医院养病被特务杀害。

罗荣桓元帅曾经回忆:伍中豪如果没有牺牲,应该能和林彪一样成为毛泽东非常信任的红军指挥员。

毕占云将军回忆：为了保证这次红四军整训的顺利完成，由我们特务营、独立营和莲花游击大队一同志去莲花牵制敌人，同时还组织了北路行动委员会，何长工为书记。

这场为期一个月的红四军全军整训，毛泽东还有一个重要考虑，那就是落实边界二大会议的决议。纠正一些同志的机会主义思想和封建小资产阶级思想，确定无产阶级的人生观。

"八月失败"，红军的损失太大，一个二十九团几乎全部溃散，毛泽东清楚，这不是战术的失败，而是党内像杜修经这样的人不切实际，在思想上和政治上失误的结果。这次在宁冈一个月的整训，不仅仅是军事上的整训，更是一次重要的思想政治教育。

1964年5月，毛泽东在向外宾介绍中国革命胜利经验时深刻指出："只有会做政治工作的人才会打仗，不懂政治的人就不会打仗。"他认为，战争指导者只有懂得政治的重要意义，才不至于跟着战争打圈子、把自己束缚起来；只有从政治着眼，才能懂得并深刻认识战争的规律性，实现对它的指导。

47 缺医少药,要求"送一些碘片来"

井冈山斗争时期的 1929 年 1 月底,井冈山军民第三次反"会剿"失利,敌军窜入小井村,放火烧毁了红军医院,把来不及转移的 130 多名重伤员押到小河边的稻田里,对他们威逼拷打后,用机枪扫射,全部枪杀。这场血与火的残酷场面唯一见证者是躲在对面山上的红军轻伤病员董青云。

小井红军医院的这段历史,场面残酷,极为悲壮。

小井红军医院的兴建是军民同心的结晶。

萧明在《回忆红军医院》中说:"小井红军医院是 1928 年 9 月 26 日部队回到井冈山以后发动募捐兴建的。大家愿意捐多少就捐多少,有捐 3 角、2 角的,有捐 1 元的,共捐大洋 1000 元。"萧明后来在抗日战争中牺牲。

"光靠 1000 块大洋修建一个医院是不够的,自己上山砍杉树做栋梁、锯木板,用杉皮当瓦,从杉皮的缝隙间能看到天,地上放几块板子和稻草就成了铺。以后大部分伤病员都搬进去了,重伤病员住楼下,轻伤病员住楼上。"

1928 年冬,在小井建成了这所杉木皮盖的屋面、全木质结构、上下两层共 32 间的红军住院部。

当时到底住多少伤病员?毛泽东在《井冈山的斗争》中写道:

作战一次,就有一批伤兵。由于营养不足、受冻和其他原因,官兵病的很多。医院设在山上，用中西两法治疗，医生药品均缺。现在医院中共有八百多人。湖南省委答应办药，至今不见送到。仍祈中央和两省委送几个西医和一些碘片来。

但这样极度困难的红军医院生活依然歌声嘹亮，让人感叹。

王霖云回忆："红军伤病员的乐观主义是很强的，他们经常会唱一些歌曲来互相鼓舞，当时，伤病员里专门有青年干事负责大家的文艺生活和宣传工作。"

能让小井红军医院伤病员医治好枪伤病痛的，不仅是井冈山老中医的中草药和湖南省委、江西省委想方设法送上山的难得药品，还有毛泽东等隔三岔五上门看望伤病员带来的温暖。

当年的伤病员董青云回忆："毛泽东非常关心红军伤病员，每打一次仗都会缴获一些战利品，有罐头、鞋子、衣服之类，大家都会把其中最好的东西派人送到红军医院，向伤病员嘘寒问暖。"

小井中国红军第四军医院旧址

三 曲折发展

48 挑谷上坳，粮食绝对可靠

"人口不满两千，产谷不过万担"的俗语道出了井冈山时期的困窘。朱毛会师后部队编为三个师九个团，达上万人，地贫田瘠，毛泽东向中央报告，"吃饭太难"。

但毛泽东、朱德、陈毅等红军重要领导人创造了挑谷上坳的办法，解决山上吃饭太难的问题。

1955年授勋上将的朱良才，井冈山时期是连党代表，也做过军委秘书，是个文化人，他记载了这段故事的前前后后。朱良才回忆：挑谷上坳便成了我们一项经常性工作，从井冈山黄洋界到宁冈茅坪源头村，上下山足有五六里路，山高路陡，确实难走，每到挑粮那一天，我们天一亮就出发，赶到挑粮的地方，有的用箩筐担，有的用布袋背，装的东西还不够，有的同志索性就脱下一条裤子，把裤腿扎紧，满满装上两裤腿，往肩上一搭，直到天黑才回到山上。

共产党人创造的"官兵平等"，是这支部队发展壮大、战无不胜的不竭动力。

杨至诚上将在《艰苦的岁月》中这样记载："我和粟裕等同志挑着粮食到了半山上，放下担子休息，不一会就看见我们的营长胡少海，肩扛着整麻袋粮食，从山坡下走上来，他精神勃勃，看不出疲劳的表示。"

当时红四军二十九团团长胡少海是出身于湖南的一位"胡五少爷"，毅然离开地主家庭，弃学从军，上井冈山跟着共产党闹革命。

当时的军需处长范树德看到的军长朱德挑谷上坳却是这般模样："担子一头是行军时背来的三根白布米袋，另一头是用一个粗厚布缝的北方人叫'捎码子'的米袋，再加上他经常佩带的一支德造三号驳壳枪和一条装有约百发子弹的皮子弹袋，总共约四十六七斤。"

朱德军长用过两条扁担。第一条扁担是范树德帮他做的。

范树德回忆："我当即带一名勤务兵到桃寮村张家祠附近找到一个姓张的妇女，用一个铜板向她买了一根毛竹，削成两根扁担，一根送给朱德同志，另一根我留着自用，朱德同志那根，我用毛笔在一端写上'朱德扁担'，另一端写上'不准乱拿'。"

朱德在队伍中有很高威望，据很多井冈山斗争的经历者回忆，一打起仗来，听说朱德军长来了，战士们个个都有一股无形的力量。

朱德是队伍中的"神"，军务那么忙，又是最年长的一个，当年已经42岁了，于是大家把他的扁担藏起来，不让他继续挑粮。哪知朱德军长自己又找了一根扁担，亲笔写上"朱德的扁担"，继续出现在挑粮的队伍里。

跟在朱德军长身边的军委秘书朱良才和朱德军长在茨坪到黄洋界途中的槲树下休息的时候，和战士们你一言、我一语，凑出了四句顺口溜："朱德挑谷上坳，粮食绝对可靠，大家齐心协力，粉碎敌人'围剿'"。

朱德的扁担，如今静静地躺在井冈山革命博物馆的展柜里，当年它挑起的不仅仅是几十斤的粮食，还有沉甸甸的中国革命。

49 我党第一部《土地法》在井冈山颁布

中国历史上没有人比毛泽东更了解农民,更了解农民赖以生存的土地。

我党历史上第一部土地法是在井冈山颁布的《土地法》,它具有中国革命时代性和地域性的烙印,也从另一个方

红军标语

面表现了共产党人是为老百姓打天下的初心和本质。井冈山《土地法》让中国农民第一次有了法律保障的土地。

是什么催生了这部伟大的土地法?又是什么使毛泽东在持续被强敌"会剿""进剿"的井冈山斗争时期,能深入地思考并催生这部井冈山《土地法》?

几千年的封建思想认为地主阶级拥有土地天经地义。在井冈山斗争初期,即使农民分得了土地,亦有部分老表出于恐惧地主而不敢要的现象,在1928年"八月失败"后,国民党反动派重新占领边界部分县城,地主重新占回了土地。杨克敏是当时的边界特委书记,他在向中央的报告《关于湘赣边苏区情况的综合报告》中说:"农民分田,地主割谷,真是太不值得,我们别的军事上政治上的失败都不算事,只有分了田而农民收不到谷,才是

真正的大失败呢。"

但边界农民分得土地后，积极交售公粮的现象，是让工农革命军在边界发展壮大的重要根源，毛泽东在《井冈山的斗争》这样反映：

土地税：宁冈收的是百分之二十，比中央办法多收半成。已在征收中，不好变更，明年再减。此外，遂川、酃县、永新各一部在割据区域内，都是山地，农民太苦，不好收税……至于红军给养，米暂可从宁冈土地税取得，钱亦完全靠打土豪。

1928年10月4日湘赣边界党的第二次代表大会召开，是井冈山《土地法》诞生的契机。在这次大会上，毛泽东再次统一了红军的思想，正确回答了部分红军对"红旗到底打得多久"的疑问，健全了各类组织，如共青团、妇女会、儿童团等，也壮大了农民武装力量，赤卫队、暴动队，特别是注重了湘赣边界工农兵苏维埃政府对边界各县苏维埃政府的领导。

于是1928年12月，以湘赣边界工农兵苏维埃政府名义，颁布了井冈山《土地法》。

井冈山《土地法》共9条，14款。简明扼要地规定了没收土地的范围和归属，分配土地的数量标准和区域标准，土地税的征收和支配等。

13年后，1941年延安出版《农村调查》时，毛泽东还亲自为井冈山《土地法》写了按语：

此土地法是一九二八年冬天在井冈山（湘赣边界）制定的。这是一九二七年冬天至一九二八冬天一整年内土地斗争经验的总结，在这以前，是没有任何经验的。这个土地法有几个错误：（一）没收一切土地而不是只没收地主土地；（二）土地所有权属政府而不是属农民，农民只有使用权；（三）禁止土地买卖。这些都是原则错误，后来都改正了。

毛泽东记性极好，思维清晰，他了解土地是激发农民革命的根本。

三 曲折发展

50 开展调查是为了解农民、农村和土地

没有谁比毛泽东更了解农民、农村和土地。这种了解来自于从韶山冲走出后的革命生涯,伟人毛泽东对农民、农村和土地的了解不是来自书本,而是自己一步一个脚印地实地调查。

毛泽东曾谈道:"没有调查,没有发言权。调查就像'十月怀胎',解决问题就像一朝分娩。"

1927年1月15日至24日,毛泽东在衡山考察。他行程百余里,边调查,边宣传,边指示;召开18次调查会,视察县、区、乡的革命民众团体,仔细听取各级农运干部的汇报和社会各阶层人士代表的意见。这次深入调查,为他后来撰写《湖南农民运动考察报告》积累了丰富的第一手资料。

井冈山时期,毛泽东进行了多次调查研究。1927年11月,他在茅坪的坝上、洋桥湖、马沅一带进行调查,形成了《宁冈调查》。1928年2月下旬、5月上旬,他在永新的秋溪乡、西乡的塘边等地进行调查,形成了《永新调查》。通过这些调查研究,毛泽东掌握了井冈山的实际情况,为领导工农武装割据、开展湘赣边界土地革命奠定了基础。离开井冈山后,他又先后进行了寻乌、兴国、长冈、才溪等调查,为制定和完善土地革命路线奠定了重要基础。

1930年是毛泽东的调查年,仅这一年冬的一个月时间,他就在吉安农村连续作了五次社会调查。分别是:《东塘调查》《大桥调查》《李家坊调查》《西逸亭调查》《木口村调查》。

在这些调查研究中，1930年5月进行的寻乌调查规模最大、调查资料最详细、调查内容最丰富，形成的《寻乌调查》达8万字，比较完整地体现了毛泽东的调查研究方法，在毛泽东调查研究思想的形成发展中具有重要地位。

有几人能读懂毛泽东的社会调查？当年湖南省委派来的特派员杜修经当时来到湘赣边界俨然一副理论家和指挥家的样子。但他竟然读不懂毛泽东那些在点着一根灯芯的油灯下一字一句写下来的农村调查。

杜修经在《四上井冈山》中惭愧地回忆："1928年6月间，毛泽东要秘书拿他到达井冈山后写下的永新、宁冈等地的农村调查给我看。我一看，这些写在商人账本总簿、坐簿上的农村调查，一本一本地叠了一尺多高。由于我不理解这些就是毛泽东同志为我们党制定方针政策的依据，对这些调查研究材料，只当作一些故事或情况阅读，一天工夫就看完了。毛泽东同志见我启而不发，知道我没有看懂，失望地把这些退回来的调查材料收起来。"

毛泽东冒着被地主、团丁、流氓、地痞暗杀的危险，几个月来走村串户走访，挑灯熬夜写下的农村调查，杜修经一天工夫就看完了，难怪毛泽东说他启而不发，甚为失望。

但这些了解农民、了解农村和土地的调查材料，是毛泽东生命之中不可缺失的一部分。

1929年在赣南时，毛泽东曾说过："失掉别的任何东西，我不着急，失掉这些调查（特别是衡山、永新两个）使我时常念及，永久也不会忘记。"

是毛泽东领导的共产党和工农革命军砸烂了井冈山地区农民头上几千年来的封建枷锁，贫苦的农民们第一次做了土地的主人。

1928年11月25日，毛泽东在《井冈山的斗争》中说：

边界土地状况：大体说来，土地的百分之六十以上在地主手里，百分

三 曲折发展

之四十以下在农民手里。江西方面，遂川的土地最集中，约百分之八十是地主的。永新次之，约百分之七十是地主的。万安、宁冈、莲花自耕农较多，但地主的土地仍占比较的多数，约百分之六十，农民只占百分之四十。湖南方面，茶陵、酃县两县均有约百分之七十的土地在地主手中。

毛泽东发现湘赣边界的农民"镰刀壁上挂，屋里没米恰（吃），吃什么？野菜、蕨根、高山岭土"。

边界的经济"是农业经济，有些还停留在杵臼时代"。

但农民安于本命，安贫守"道"，认为一切都是命中注定。

毛泽东从不信邪，更不听命，他看到了中国革命的根本在于土地革命，抓住了土地，就解决了农民的根本问题。

毛泽东颁布了红军三大任务：打仗消灭敌人；打土豪，筹款子；宣传群众，帮助群众建立红色政权。制定了"三大纪律，六项注意"：行动听指挥，筹款要归公，不拿老百姓一个红薯；上门板，捆稻草，说话和气，买卖公平，借东西要还，损坏东西要赔。

1927年冬，毛泽东派弟弟毛泽覃到宁冈县大陇乔林村进行土地革命试点；1928年5月毛泽东亲自到永新塘边村指导分田工作；1928年3月，毛泽东在湖南酃县中村指导分田，亲手帮农民插上"分田牌"。

在湘赣边界党第一次的代表大会上，毛泽东布置了"深入割据地区的土地革命"。来自耒阳农军的干部王紫峰就在这样的背景下，和大批抽调的红军干部分到各地帮助土地革命。

据史料记载，1928年秋"宁冈县的粮食比哪一年都好，为感谢红军，宁冈人员踊跃交公粮，支援革命"。

其中东沅乡麻上村的农民邱德法一家，在土地革命后分到了10多亩田地，割得谷子3500多斤，他上交公粮后，又主动多交1000斤稻谷。

土地是农民的命脉，也是中国革命的命脉。

51 各阶层都起来了，井冈山红了天

毛泽东来到井冈山后，发现井冈山是典型的落后的小农经济地区，甚至是"杵臼时代"，但生活在这种落后的贫瘠的土地上的农民都滋生了求进步求解放的思想。

"哪里有压迫，哪里就有反抗。"

在这股强大的地下烈火中，求进步的妇女是一支强大的生力军。

从井冈山走出来的女红军，经历伟大长征到了陕北的有贺子珍、彭儒、曾志、吴仲莲、康克清等。她们自称是"革命的幸存者"，这道出了这些胜利者的艰辛。同她们出生入死的倒在井冈山的战友相比，例如伍若兰等，这些幸存者是幸运的。

据考证，这些妇女精英大部分是来自江西、湖南两地且大多受过高等教育的女知识分子，像康克清、曾志、彭儒等，她们的到来，无疑给井冈山的妇女们带来了一团火。

工农武装割据以宁冈为中心，史料上有记载的宁冈县的投入这场伟大斗争的妇女有杨杰、刘懿、龙佩云等，她们都来自官家或富绅家庭，原本是父辈让她们去山外接受教育以光宗耀祖，但她们带回来的是：回到宁冈号召妇女放脚，剪发，宣扬男女平等，争取人身自由。在这些勇敢女性的鼓舞下，被几千年的封建礼教桎梏的井冈山妇女，纷纷学知识、学文化、闹革命。

这就是进步思想的力量，这就是共产党的力量。

1926年，杨杰在宁冈办起了妇女工读学校，自任校长。

三 曲折发展

1927年1月，共产党人龙超清策动袁文才的马刀队打下了宁冈县衙，成立了农民自卫队、人民委员会，也成立了宁冈县妇女解放协会，至1928年2月21日，宁冈成立了工农兵政府，妇女解放协会改称"妇女委员会"。

中国共产党在中国革命的起始就积极组织这些特殊的力量。

电影《闪闪的红星》潘冬子巧计送盐故事的原型就是当年宁冈县茅坪乡工农兵政府妇女主任聂槐妆。1929年1月，国民党采取严厉的经济封锁，妄图不让一粒盐、一尺布、一粒米、一丸药流进井冈山根据地。聂槐妆拥有妇女最朴素的智慧，她想出把棉衣浸泡在盐水里，晒干后穿在身上，外面罩上一件蓝布罩衫，穿进了封锁区，洗出来的盐水熬干后成了根据地军民的食盐。

茶陵县的妇女代表陈叔同跟随工农革命军打茶陵的队伍上了井冈山，分配在前委做文秘工作，曾见证过毛泽东在工农革命军和共产党最高领导机关前委的工作。

在鄜县的凌翠贞，曾是湖南省立第三女子师范学校的学生，毕业后回到鄜县，在1927年1月就发动妇女成立鄜县妇女协会，领导全县24个区、48个乡先后成立了妇女协会，她创办的鄜县职业学校，冲破了封建传统，实行男女平等，男女生同校。

在莲花县，进步女青年颜清珍领导的妇女运动曾受到1927年6月间江西省委派来的巡视员方志敏的赞扬。1929年5月，红四军下山以后，她和丈夫刘仁堪（时任莲花县工农兵政府主席，后任中共莲花县委书记）不幸被反动团总李成荫杀害。

永新妇女界的"双杰"贺子珍，带着妹妹贺怡曾组织农民自卫队，在1927年7月18日攻下了永新反动县衙，救出了贺敏学、胡波等80多位革命志士，随后上了井冈山，成了毛泽东的亲密战友和革命伴侣。

井冈山斗争时期，以毛泽东为代表的共产党人发动这个社会的主体——农民，掀起了历史上从来没有过的革命高潮。

毛泽东也从来不忘记工人弟兄。

秋收起义部队有3个团主力，其中第二团主要组成部分是来自安源的工人队伍，虽然在浏阳溃散，但聚拢后，随毛泽东上了井冈山的仍有100多位工人弟兄；朱德、陈毅发动湘南暴动，其中也有刘型率领的醴陵工人兄弟80人上了井冈山。在井冈山斗争中，工人弟兄不但作战勇敢，而且发挥了工人的聪明才智与技术技能。井冈山第一个被服厂就是毛泽东推荐工人出身的林善宾组织起来的。

谭震林，这个来自湖南攸县的印刷工人，是井冈山斗争成立的第一个红色政权——茶陵县工农兵政府主席，新中国成立后又担任过浙江省委书记、国务院副总理等职。

今天很多人低估了这支伟大队伍里从旧军队过来的士兵，是毛泽东领导的共产党把他们改造成了井冈山斗争的中流砥柱。

毛泽东在《井冈山的斗争》这样写道：

边界红军的来源：（一）潮汕叶贺旧部；（二）前武昌国民政府警卫团；（三）平浏的农民；（四）湘南的农民和水口山的工人；（五）许克祥、唐生智、白崇禧、朱培德、吴尚、熊式辉等部的俘虏兵；（六）边界各县的农民。

前四个方面是骨干，作战勇猛，牺牲也多，在1928年"八月失败"以后，损失三分之二，剩下的不过三分之一。

毛泽东很自信，也很自豪："普通的兵要训练半年一年才能打仗，我们的兵，昨天入伍今天就要打仗，简直无所谓训练。"

毛泽东在《井冈山的斗争》中又写道：

同样一个兵，昨天在敌军不勇敢，今天在红军很勇敢，就是民主主义的影响。红军像一个火炉，俘虏兵过来马上就熔化了。

工人、农民、妇女、士兵各个阶层都起来了，井冈山红了天。

三 曲折发展

52 "好在苦惯了"

如果没有历史文物证明，今天的人们很难置信在毛泽东的领导下，在罗霄山脉中段以宁冈为中心的红色政权氛围里，党和军队以及地方农民百姓的关系，竟达到了今天所提倡的"文明和谐"。

当初宁冈县第三区第八乡苏维埃政府的布告这样告知百姓：

> 本府现已成立，从今夺取政权。
> 肃清反动革命，隐藏罪亦牵连。
> 打倒封建势力，严禁赌博洋烟。
> 红军帮我工农，瓜分地主良田。
> 属乡均已分好，务须耕耘在前。
> 倘有自由抛荒，察觉重责难免。
> 刻下稻熟之期，不准鹅鸭放田。
> 特示布告于后，各宜领遵为先。

当年永新县苏维埃政府老干部徐正芝后来这样回忆："那个时候，毛司令带领贺子珍、贺敏学和红军司令部的同志曾在泉水窝帮助我们割禾，以后又在塘边村的田垄里，帮助孤寡老人和劳力缺少的群众割禾，毛司令边割禾边向群众了解情况，问群众过得怎么样。"

这里的"毛司令"即毛泽东。

毛泽东于1927年10月到达茅坪，三湾改编时队伍约700人，毛泽东说过"我们千人队伍",这是到达地方以后加上袁文才地方部队后的人数。到 1928 年 4 月,朱德、陈毅等率领南昌起义部队还有湘南农军,来到井冈山会师后,人数增至上万人。

其中,湘南暴动后的农军上井冈山有的还带来了家属,毛泽东有点不理解,说:"岂有此理的湘南特委还带来一万人的群众拖泥带水,纪律太糟。"所以,毛泽东感叹:"吃饭太难。"

这也难倒了当时的军需处长范树德。

范树德在《井冈山的后勤工作》中这样描绘:"湘南来的部队很多人是一家子都来了,他们为了革命离开家乡,到了井冈山。但是我们又不能把他们组成严密的部队,又不能让他们在井冈山当叫花子,问题就是这样严重地出现了一万多人的吃饭问题。"

打土豪,筹款子,是工农革命军解决吃饭问题的主要渠道。

范树德回忆:"为了解决这上万人的吃饭问题,我们不得不每到一个地方就立即派出一支小队伍专门打土豪,我们就是通过这样的办法搞粮食。并取得必要的物资,解决给养问题。"

我们今天可以推算,近万人队伍,每天每人一斤粮食,每天就是上万斤粮食,真不是个小数字。

办法想尽,后来毛泽东和军委果断要求:除编在第十师的二十九团外,其他湘南起义永州、资兴、郴州来的农军,全部返回湘南。

杨克敏在《关于湘赣边苏区情况的综合报告》里写道:"最近两月来,每人每天只发伙食费3分,4分油,4分盐,米1斤4两,3分钱一天的小茶钱,只得买南瓜,所以最近士兵生活感觉不安,当时有一句口号:打倒资本家,天天吃南瓜。"

毛泽东深知战士们的疾苦并寄以同情,他写给中央的报告中这样写道:"打倒资本家,天天吃南瓜。士兵的谚语,表示了他的苦楚,耐得苦,比第四军更耐得苦的恐怕也少了。"

三 曲折发展

这只是吃的困难,还有穿的困难。

毛泽东在《井冈山的斗争》中写道:

现在全军五千人的冬衣,有了棉花,还缺少布。这样冷了,许多士兵还是穿两层单衣。好在苦惯了。

《井冈山的斗争》是毛泽东给中共中央的报告,既不是陈述经验,也不是简述道理,而是报告红军的衣食住行,体现了一个无产阶级革命家对普通士兵、人民群众的共情与钦佩。

"好在苦惯了",但井冈山的苦又岂止是衣食之苦!毛泽东在报告中写道:"边界的斗争,几乎完全成了军事的斗争,打仗成了日常生活。"杨得志上将回忆:"平均每9天打一次仗,作战一次,就有一批伤兵,药品及医生之缺乏,问题很大。"

曾志曾回忆:"我们后方留守处100来人差不多每天吃的是辣椒干拌盐泡的汤,好的时候才能吃点南瓜,那时能吃上南瓜,就像吃肉一样。白天轮流上山打柴,晚上就在屋子里中间烧一堆火,大家围着火睡觉,我们穿的更是五花八门,穿什么的都有。"

陈毅回忆:"红军中,官兵夫薪饷穿吃一样。军阀里,将校尉饮食起居不同。"

毛泽东更豪迈:"天天吃南瓜,也要打倒资本家。"

53 井冈山办了个上井造币厂

井冈山斗争时期，由于敌人的经济封锁，加之当地土豪打尽，红军的生活"真是困难到了极致"。

今天很少人能读懂井冈山时期红军用过的两种生活必需品，一为硝盐，二为草鞋。

盐为什么那么奇缺？一是红军医院对伤员清洗伤口所用，听起来不禁觉得毛骨悚然；二是红军生活也必须吃盐，正是红军队伍长期缺盐，所以红军官兵往往有些严重缺盐的就会腿脚浮肿。于是就有了"硝盐"出现，即边界老表和战士一起将一些老房子的墙根老土挖出来，用水浸泡，把这种水熬干后有了微量的盐，井冈山老表称之为"硝盐"。

草鞋在今天已经很难再见到了，它更多的成了一种民间工艺品，但在井冈山时期，那是毛泽东和战士们行军打仗的重要军用物资。

陈毅元帅在1929年向中央报告红四军的状况，这样描述朱德和他的草鞋："群众及敌兵俘虏，初次看见鼎鼎大名的四军军长那样芒鞋草履，十分褴褛，莫不诧异，若不介绍，至多只能估量他是一个伙夫头，从那时到现在'伙夫头'三个字，恰成了当年四军军长朱德的诨号。"

这样穿芒鞋草履的"伙夫头"朱德当年在任滇军旅长时月薪是2000块大洋。陈独秀不敢争取这样的"大军阀"，周恩来敢争取，在柏林介绍朱德入党。此时身为中国工农红军第四军军长的朱德却成了穿芒鞋草履的"伙夫头"。

三 曲折发展

上井造币厂

怪不得曾志说:"生活虽然很艰苦,但却很少听到有人叫苦发牢骚,这是因为有革命的信念,革命的热情,激励着每一个人。"

敌人有封锁,毛泽东等就有破法。1928年5月,毛泽东指示湘赣边界工农兵政府创办了"上井造币厂"。

上井造币厂与两个草根银匠有关,即谢荣珍、谢荣光两兄弟。兵荒马乱的20世纪20年代,他们从广东龙川迁徙到井冈山下的五斗江,但这两人长于"造银器"而不善耕种。他们造出当时俗称"花边"的反动政府银圆竟能以假乱真，胆子越做越大，竟成捆成担地送到了湘粤赣山区，最终被反动官府通缉查办，后被井冈山的"山大王"王佐收留。

1928年8月王佐任边界防务委员会主任，正好推荐谢荣珍领头办起了上井造币厂。

史料记载：刘型的工人队伍上井冈山，其中有些来自湖南水口山铅锡矿的几个工人兄弟也被抽调参与造币厂的建设。范树德在《井冈山的后勤工作》中的这样回忆："我们曾经制造过银元〔圆〕，那种银元〔圆〕是用首饰上的银子，如银手镯，银戒指等为原料的，制造成的银元〔圆〕不是'袁大头'，现在很多人未见过，它不是平的，是一个凹型的，用钢印打上'工'或'人'或'八'或'九'等字样。开始时，当地人民很生疏，在市场上使用很不习惯。于是我们就广泛地进行宣传，慢慢地人民就相信了，后来当地人民对这种凹字银元〔圆〕很信得过。"

"工"字银圆，是毛泽东领导的共产党和其军队打破敌人经济封锁，流通根据地市场的重要工具。

三　曲折发展

54　士兵委员会健全了比另设政治部好

现在很多媒体和文章把井冈山表述为"胜利的起点",在井冈山革命博物馆有一座标志性雕塑,名称也叫"胜利的起点",其实雕塑的内容主体就是"朱毛握手"。

既然是"起点",那就是意味中国共产党和她领导的人民军队在中国革命征程中很多实践和经验,在井冈山斗争时期就已有了雏形。

其中,"党指挥枪"是一个伟大的起点。

"士兵委员会"是毛泽东等在井冈山斗争中的又一个伟大创造。

"士兵委员会"在当时到底有什么样的作用和地位?

毛泽东在《井冈山的斗争》中这样描述:

经过政治教育,红军士兵都有了阶级觉悟,都有了分配土地、建立政权和武装工农等项常识,都知道是为了自己和工农阶级而作战。因此,能在艰苦的斗争中不出怨言。连、营、团都有了士兵会,代表士兵利益,并做政治工作和民众工作。

他认为,士兵委员会健全了,可以不要政治部,工作人员都可以纳入士兵委员会机关里工作,比另设政治部好。

士兵委员会的设置,是井冈山斗争时期,红军与白军的重要区别,是毛泽东等在军队推进民主,反对军阀,克服官僚主义,密切官兵关系的重要举措。

旧军队，官长假惺惺称下属为"弟兄"，而红军队伍里上下一切彼此称"同志"。很多反映革命斗争体裁作品里这样描述红白军队的区别：

红军队伍里，上级指挥下级是"同志们，跟我上"。

而白军队伍里，官长命令下级是"弟兄们，给我冲"。

在井冈山斗争时期，这些不是虚构而是现实，杨克敏在《关于湘赣边苏区情况的综合报告》里这样描述士兵委员会：

红军中的士兵委员会，成立有一年的光景。它参加了军事管理，不过是在军事长官和党代表指导之下的，而不是本行的机关。有了士委会军中才有民众，官长有不是处，他们可以开会说话反对，甚至处罚之，有了士委会可以解决军中许多的麻烦问题。如经济公开，可以知道官长士兵同等待遇，没有什么差别，管理上，士委会可以负相当之责。士委会兵士都有工作的，如写标语、贴标语、发传单、演讲宣传、组织群众，由士委会督促自动地去干。比设政治部去督促要强得多。

毛泽东的党建思想，在于士兵委员会创建之初，就完全置于党的领导之下，相当于党指挥枪的一个顾问组织，士委会离开党代表的督促就会偏离正确的轨道。1928年7月12日，二十九团的士兵委员会就出了差错，绕开党代表，私自开会决定怂恿士兵吵嚷向湘南发展，结果酿成了"八月失败"，致使二十九团只剩下萧克连长带回六七十号人、八九十条枪。

所以后来毛泽东在《井冈山的斗争》中写道：

红军的物质生活如此菲薄，战斗如此频繁，仍能维持不敝，除党的作用外，就是靠实行军队内的民主主义。

55 身在井冈山，放眼全中国

开国上将朱良才曾这样回忆一段井冈山的岁月。

在黄洋界，一群战士围着毛泽东，大家顺着山势放眼四周，毛泽东问他们，你们能看到什么地方啊？

战士回答："能看到湖南。"毛泽东双手叉腰，乐呵呵地说："我们不能只看到湖南，站在这里要看到全中国。"

黄洋界海拔只有1300多米，上有朱德题字"天下第一山"。

陈毅在1929年红四军和江西红二、红四独立团吉安东固会师后，诗兴大发："东固山势高，峰峦如屏障。此是东井冈，会师天下壮。"

毛泽东、朱德、陈毅这些共和国的缔造者们，当年在湘赣边界的一角，站的是井冈山，放眼的都是全中国。这就是领袖们的眼光。

毛泽东在《井冈山的斗争》中写道：

边界的红旗子，业已打了一年，虽然一方面引起了湘鄂赣三省乃至全国豪绅阶级的痛恨，另一方面却渐渐引起了附近省份工农士兵群众的希望……并且边界红旗子始终不倒，不但表示了共产党的力量，而且表示了统治阶级的破产，在全国政治上有重大的意义。

毛泽东是一位实事求是、坚持真理的人。立足井冈山，是历史的选择，也是遭受挫折后理性思索的结果。

大革命失败后，毛泽东依据中共中央的"割据"主张和湖南省委当时"创造农民暴动割据局面"的意见，最初想到的是"湘南割据"，想到"要在湘南形成一师的武装，占据五六个县，形成一政治基础，发展全省的土地革命。"

秋收暴动受挫后，毛泽东清醒地认识到导致失败很重要的一个原因，就是没有巩固的根据地。军阀能割据，我们为什么不能割据？历史上没有谁消灭过山大王。我们就是要到罗霄山脉中段这个眉毛画得最浓的地方去当革命的"山大王"。

毛泽东很理性，选择井冈山不是挫折后的冲动，更不是对历史的效仿。他心中清楚，这里具备了工农武装割据的成熟的条件：一、有很好的群众。二、有很好的党。三、有相当力量的红军。四、有便利作战的地势。五、有足够给养的经济力。

毛泽东在井冈山斗争初期正值35岁的青壮年龄，踌躇满志。在秋收起义之前，毛泽东没有单独指挥过重大军事运动，但后来他成了世界公认的军事家，这一切都始于从井冈山斗争时期的实践，毛泽东不但注重实践更注重总结，在井冈山时期，他的"工农武装割据"思想成了科学的理论。

武装斗争，土地革命，根据地建设，这就是具体的工农武装割据思路。

毛泽东写道："没有武装斗争，就无法开展土地革命，没有土地革命，根据地就不可能建设。"

但正如毛泽东所说的那样，有些同志在困难和危机的时候，往往对这样的红色政权的存在，产生悲观的情绪。这种悲观，具体表现出来，就有了"红旗到底打得多久"的疑问。

而且这种悲观思想，在当时党内有，党外有，地方上有，中央也有。

毛泽东在《星星之火，可以燎原》中写道：

但是在那个时候，不但红军和地方党内有一种悲观的思想，就是中央

毛泽东著作:《井冈山的斗争》《中国的红色政权为什么能够存在？》《星星之火,可以燎原》

那时也不免为那种表面上的情况所迷惑,而发生了悲观的论调。

毛泽东善于把这些非无产阶级的错误思想消灭在萌芽状态,但也花了近两年时间逐步完成。从1928年5月20日的湘赣边界党的第一次代表大会首次回答,在后来的边界党的二大再次纠正,到1930年1月5日,给林彪的回信,算是从实践到理论,系统回答了"红旗到底打得多久"的疑问,从而诞生了三部伟大著作:《中国的红色政权为什么能够存在？》《井冈山的斗争》《星星之火,可以燎原》。

毛泽东用马列主义基本原理,结合井冈山的工农武装割据的实践,创造性地提出了"红色政权"的理论。

特别是在《中国的红色政权为什么能够存在？》著作中,毛泽东曾在文中三次使用"取得全国政权"的表述。

农村包围城市,武装夺取政权,这个政权从夺取井冈山罗霄山脉中段到夺取全国政权已见端倪。正如毛泽东在《星星之火,可以燎原》中写道:

它是站在海岸遥望海中已经看得见桅杆尖头了的一只航船,它是立于高山之巅远看东方已见光芒四射喷薄欲出的一轮朝日,它是躁动于母腹中的快要成熟了的一个婴儿。

56 "我欲以之为榜样"

彭德怀元帅是我军历史上首屈一指的猛将。彭德怀从井冈山开始就善打恶仗，第三次反"会剿"时，彭德怀和滕代远主动留守井冈山，这场恶仗是800人抵挡何键的32000人的"会剿"。反"会剿"失败，彭德怀等被迫下山找毛泽东率领的红四军汇合，一年后1930年8月，彭德怀率精兵3000人打下了何键驻守的国民党湖南省会长沙，何键被迫弃城逃跑。

1935年10月21日，毛泽东想到红军要在陕北立足，就必须在吴起镇打一次恶仗，甩掉马家军的三个骑兵团的尾追之敌，这时当仁不让的又是彭德怀，毛泽东赞誉这位井冈山的老战友："山高路远坑深，大军纵横驰奔。谁敢横刀立马？唯我彭大将军！"

湖南平江地处罗霄山脉北段，北抵湖北通城，东连江西修水，西近湖南长沙，是湘鄂赣三省交界的要地，这里是彭德怀革命的道路起点。

1928年3月，平江的共产党地下组织发动了轰轰烈烈的"扑城"运动，湖南全省上下为之惊动，湖南军阀何键急调独立第五师前去平江镇压共产党的"扑城"运动，彭德怀正好是何手下独立第五师一团的团长。

这个由段德昌介绍入党才一个月的共产党员彭德怀，想以一场浩大的军事运动向党组织兑现自己的誓言。

1928年7月22日，彭德怀所在一团以要军饷为由，在平江县城天岳书院召开誓师大会，宣布起义，并很快得到了共产党员黄公略、贺国中的第三团和学生兵队伍的响应，起义部队总共达2000多人。

三 曲折发展

彭德怀

7月24日,平江起义第三天,部队奉命改编为中国工农红军第五军第十三师,彭德怀为红五军军长兼十三师师长,滕代远任军党代表兼师党代表,邓萍任军参谋长。

搭档的三人,彭德怀和滕代远走到了共和国成立,邓萍却牺牲在了长征途中的土城战役。

召开于铜鼓境内的"幽居会议"上,彭德怀铁了心要上井冈山。

其实,平江起义后,由于湘赣两省近10个团的敌军"会剿"红五军,彭德怀、滕代远率主力向江西万载方向转移,伺机与朱毛会师,黄公略则率领部分队伍暂时留在平江、浏阳一带打游击。

9月9日,彭德怀部到万载大桥后,枪支不满千数,士气不振。

开国上将李聚奎回忆:"由于敌人穷追不舍,屡屡发生激战,一些旧官军和意志薄弱者纷纷开小差,甚至投敌。彭德怀来到士兵中间,慷慨陈词:'我们举起了义旗,是为了革命,干革命就不能怕流血牺牲,如果谁还想走,可以走,就是剩下我彭德怀一个人,爬山越岭也要举着这面红旗走到底。'"

幽居会议上最大的成果在于成立了湘鄂赣边界特委，做出了上井冈山与朱毛会合的决策。

历史又让彭德怀经历了一次险恶考验。

当时部队整编为5个大队，已不足千人，一大队大队长叫雷振辉，在彭德怀训话时，一把夺过身边警卫员薛洪全的手枪对准彭德怀脑袋，不让他把部队带向井冈山，彭德怀身边的新党员黄云桥一手搵倒雷振辉，一手拔枪，解决了这个反动分子。

1932年4月，在攻打寻乌县地主土围子时，已是赣南红军独立师师长的黄云桥遭到冷枪袭击而牺牲。

1928年12月10日，红五军在彭德怀、滕代远率领下经莲花，过永新，翻过七溪岭到达宁冈新城。在新城镇一座叫"敬爱堂"的祠堂里，彭德怀见到了"惟有润之工农军，跃上井冈旗帜新"的毛泽东。

两军举行了一个隆重的会师典礼，同时以纪念广州起义一周年。

有两个历史人物的回忆，见证了历史的声音与画面。

当时的红五军军委委员李克如回忆了当时会场陈毅拟好的对联：在新城，过新年，欢迎新同志，打倒新军阀；趁红光，到红军，高举红旗帜，创造红世界。

当时的红五军第五纵队第十二大队中队长李寿轩回忆了会师场面的细节：领导同志一起走到台子上，没有想到台子搭得比较简陋，一下子压垮了，我们就立即动手，把台子重新搭好，朱德走到台前，笑着说：不要紧，垮了台，搭起来再干吧！

彭德怀说：井冈山根据地是毛委员、朱军长领导的红四军建立起来的，我们要好好学习红四军的建军经验。

毛泽东说：今天我们有了红四军和红五军，将来我们一定还会有几十个军，我们一定要粉碎敌人的围攻，最后胜利一定是属于我们的！

四

浴血奋战

57 柏露会议

1928年11月10日的《申报》曾这样记载："最近鲁涤平何键又致电朱培德，磋商第三次'会剿'计划。此次'会剿'计划，对于信号旗帜路线动作规定甚详，大致如下：（甲）'会剿'部队，赣省为4旅，湘省为4团，总共湘赣两省'会剿'兵力为4旅6团，人数在3万以上。（乙）'会剿'计划：刘士毅、杨池生两旅由遂川向大小五井'进剿'，韦杵、周泽源两旅由宁冈向井冈山'进剿'，何键部两团由桂东向江西大小五井'进剿'，吴尚部3团由茶、攸向井冈山'进剿'，第二军之1团由醴陵向攸县推进，为吴尚部的预备队。（丙）'会剿'日期：由何键临时规定，惟各部统限于11月10日以前集中完竣，听候定期同时动员。"

《申报》记载的这次周密的"会剿"计划却于1928年11月下旬破产。破产原因是湘敌鲁涤平积极性不高，未按原定计划出动兵力，赣敌进到吉安则不敢再贸然深入井冈山。

国民党内部派系林立，心力不齐，这正是蒋介石统治集团的致命弱点。这也是红军得以生存发展壮大的一个重要因素，包括后来伟大的长征取得胜利亦是如此。

蒋介石在1928年12月下旬，撤换了朱培德，由鲁涤平任湘赣"会剿"总指挥、国民党江西省政府主席。1929年1月1日，湘赣两省的"会剿"总部在萍乡成立，何键出任代总指挥，金汉鼎为副总指挥，刘晴初为参谋长。

四　浴血奋战

柏露会议旧址

杨克敏曾在《关于湘赣边苏区情况的综合报告》中这样记载：湘赣两省敌人共调集6个旅18个团。分5路向井冈山革命根据地发动"会剿"。其兵力部署为：

第一路为赣敌李文彬，驻遂川和赣州；
第二路为张兴仁，驻泰和、永新；
第三路为湘敌王捷俊，驻莲花；
第四路为吴尚，驻茶陵、酃县；
第五路为刘建绪，驻桂东。

大兵压境，山雨欲来，毛泽东被再次推至历史的十字路口。

1929年1月4日，毛泽东主持召开土地革命时期的一个重要的柏露会议，地点在宁冈县柏露村横店。

滕代远在《滕代远同志向湖南省委的报告》这样记载："由前委召集四军、五军军委，特委常委及宁冈、永新、遂川、酃县、莲花县委，茶陵特别区委及四军二十八团，三十团，三十二团二营及五军五个大队代表参加会议。"

何长工在《难忘的岁月》中这样回忆柏露会议："会议的议程是：1. 传达中共六大的有关决议。2. 通过了毛泽东的《井冈山前委给中央的报告》（即《井冈山的斗争》）。3. 讨论如何迎击敌人的这次'会剿'。"

"毛泽东在会上发言，要保证经营一年余的井冈山根据地这块红色政权，不能死守，必须采取积极的行动，钻敌人的空子。敌人从这边打来，我们就从那边打出去，迂回敌后，使敌人穷于应付，求得在外线消灭敌人的有生力量，打破敌人的'会剿'"；实行"围魏救赵"的策略计划，影响边界，以解井冈山之危。

人在城在，人丢城亦丢。绝不能在乎一城一池的得失，要在运动中消灭敌人的有生力量。1947年后转战陕北的毛泽东领导军队的思想也是如此。

58 上山伟大，下山也伟大

1929年1月14日，红四军主力3600多人，在毛泽东、朱德领导下，兵分两路去赣南，一路经行洲、下庄、黄坳，一路走湘赣交界的荆竹山，两路在遂川境内会合。

至此，毛泽东离开了他战斗、工作、生活了一年零三个月的井冈山，直至1965年5月22日重回故地，已是全党、全军和全国人民的伟大领袖，从1927年10月算起，时间相隔已是38年。

柏露会议时，当时会议讨论红军去向有三种观点，有的主张到湘鄂赣去，有的主张到湘南去，有的主张到赣南去。毛泽东作了综合分析之后，决定大部队到赣南去。陈伯钧上将回忆了毛泽东的发言："到赣南较为适宜，一是山区路近；二是物资丰富，有足够的经济给养力；三是距离大城市较远，敌人聚合困难；四是赣敌战斗力较弱，外省军队地形人情不熟；五是赣东北有方志敏领导的根据地，吉安东固有江西红二、红四独立团，可以策应；六是中央6月来信亦有向赣南发展的指示"。

毛泽东总是把敌情、人情、物情、地情分析个透彻，后来长征途中亦是如此，四渡赤水，渡不是目的，寻找战机才是目的，每次渡水都出奇兵。

从井冈山到赣南，亦是毛泽东的决策正确，所以后来宋任穷1974年重上井冈山，评价中央："上井冈山伟大，下井冈山也伟大。"

没有去赣南，就没有后来的中央苏区和中央根据地。大部队下山之前，将留守部队进行了强有力的调整：一是将永新、莲花、宁冈、茶陵的四县赤卫大队等组成边界赤卫总队,由鄢辉任总队长,刘作述任党代表,驻九陇山军事根据地,与井冈山军事根据地相互策应;二是改组了边界特委,改任邓乾元任书记,原特委书记谭震林调任前委做职工运动工作,将袁文才调任红四军任参谋长,刘辉霄任前委秘书长,随四军下山;三是从红四军抽调得力干部到红五军,张子清任红五军参谋长,陈伯钧、陈毅安任红五军参谋,何长工留任宁冈中心县委书记兼三十二团党代表等。

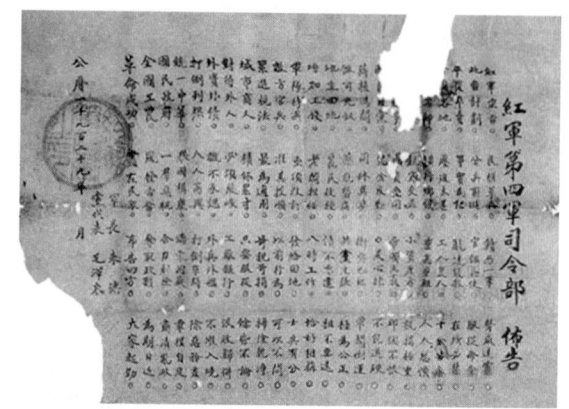

《红军第四军司令部布告》

史料记载:1929年1月开始,井冈山下了一场百年罕见的大雪,连续下了四十多天。14日,数百名井冈山老表在下庄、小行洲路旁送别毛泽东、朱德和红四军。

下山是一场考验,对党和军队的考验,对每一个战士和指挥员的考验。但红军的气势没有半点被困难和敌人所阻挡,一路标语一路歌。毛泽东亲自起草了四言体的《红军第四军司令部布告》:

红军宗旨,民权革命。赣西一军,声威远震。

此番计划,分兵前进。官佐兵伕,服从命令。

平买平卖,事实为证。乱烧乱杀,在所必禁。

全国各地,压迫太甚。工人农人,十分苦痛。

土豪劣绅,横行乡镇。重息重租,人人怨愤。

白军士兵,饥寒交并。小资产者,税捐极重。

洋货越多，国货受困。帝国主义，哪个不恨？
国民匪党，完全反动。口是心非，不能过硬。
蒋桂冯阎①，同床异梦。冲突已起，军阀倒运。
饭可充饥，药能医病。共党主张，极为公正。
地主田地，农民收种。债不要还，租不要送。
增加工钱，老板担任。八时工作，恰好相称。
军队待遇，亟须改订。发给田地，士兵有份。
敌方官兵，准其投顺。以前行为，可以不问。
累进税法，最为适用。苛税苛捐，扫除干净。
城市商人，积铢累寸。只要服从，余皆不论。
对待外人，必须严峻。工厂银行，没收归并。
外资外债，概不承认。外兵外舰，不准入境。
打倒列强，人人高兴。打倒军阀，除恶务尽。
统一中华，举国称庆。满蒙回藏，章程自定。
国民政府，一群恶棍。合力铲除，肃清乱政。
全国工农，风发雷奋。夺取政权，为期日近。
革命成功，尽在民众。布告四方，大家起劲。

军　长　朱　德
党代表　毛泽东
公历一千九百二十九年一月

红军走到哪，党的方针和政策就宣传到哪。这些在长征路上也是如此，所以毛泽东说，长征是宣言书，长征是宣传队，长征是播种机。

---

① 蒋桂冯阎，指国民党新军阀蒋介石、李宗仁和白崇禧（桂系）、冯玉祥、阎锡山四派。

59 红五军坚守井冈山

井冈山精神的伟大,就是因为有毛泽东等革命先辈,不仅在于他们科学的预见和谋略,还有不屈不挠的信念,而且从井冈山开始,他们就具备置个人生死于度外的伟大牺牲精神。

红四军主力下山以后,史料上有记载确实牵制了湘敌赣敌3个旅的追击:湘敌李文彬的第二十一旅,还有刘建绪所部,赣敌刘士毅的第十五旅。直到1929年2月10日的瑞金大柏地战斗,红四军方彻底摆脱了敌人的追踪。

宋裕和在《回忆大柏地战斗及前后的经过情况》中这样写道:"大柏地战斗的伟大胜利,粉碎了敌人的尾追,为向赣南闽西进军打开了新的局面。"

战斗的艰苦与残酷已有很多文史资料详述,其中前委书记毛泽东特批部队可以借用老表家米缸里的粮食,留下借条,承诺日后加倍偿还,足见红军此时此境,食不果腹,有一次还是大年初一。

1929年5月,毛泽东率部队重新路过大柏地,兑现了3个月前的群众所借,并说:"瑞金是个好地方,一定要把这块根据地搞好。"

留守井冈山的彭德怀和红五军,也经历了红五军成立以来的最大困难与残酷。

彭德怀在《彭德怀自述》中写道:讨论时有两种意见:一种意见认为,我们是来取得联络的,任务已完成,应立即回湘鄂赣边区,传达六大决

四　浴血奋战

议。如果我们长期留在井冈山，就会影响湘鄂赣边区的发展。一种意见是接受前委指示，保卫井冈山后方，使红四军主力安全脱离敌军包围，向白区发展。如果红五军不承担这项任务，红四军离开后，湘赣边区政权也可能受到损失，甚至搞垮。故我们应当承担起来。第一种意见是大多数，第二种意见是我和代远。我们说服了不同意见的同志，准备牺牲局部，使主力安全向外发展。

有人评价历史说，共产党打败国民党的不是武器，是思想，具体地说，是顾全大局，服从组织的党性。

彭德怀和滕代远的坚守部署：李灿率第一大队一个连、徐彦刚率三十二团一连防守黄洋界哨口；贺国中率第八大队和宁冈赤卫大队一部防守白银湖阵地；黄云桥率第九大队防守犁坪阵地；彭包才率第十大队和教导队防守八面山哨口；黄龙率第十二大队和遂川赤卫大队防守双马石哨口等阵地；王佐率三十二团二连和遂川赤卫大队一部防守朱砂冲哨口。

彭德怀在1929年4月4日给中央的信中这样写道："四军于1月14日出发，湘敌即于16日迫近根据地，至26日午前湘赣敌军围攻井冈山，他们猛攻了一昼夜，值那天大雪严寒的时候，亦决心极力地挣扎。"

1929年3月17日《湘赣边界特委给江西省委的信》也记叙了这场守山的恶战："1月25日，敌人遂开始向五井攻击，以湘敌作主攻，我方士兵因据险为守，亦十分沉着，官兵均有死守五井的决心。可惜山上部队太少，不能将敌人弱小的地方击破，以解此包围。"

红五军和红四军三十二团及地方群众，从27日至29日，浴血奋战三天三夜，击退了敌人的多次进攻。

800余人的红五军对敌32000多人的悬殊，结果井冈山根据地暂时失守，直至1929年4月彭德怀又从赣南瑞金重新打回井冈山，收复了井冈山根据地。

在八面山哨口，第十大队大队长彭包才和100多名红军指战员全部壮烈牺牲，后来的解放军后勤部长、当年的白银湖阵地指挥员李聚奎将军回忆："那几天，雨雪交加，工事里泥泞有半尺来深，坐不能坐，睡不能睡，就在这样十分困难的情况下，我们整整坚持了4天4夜。"

我们要铭记英雄，也要记住叛徒。

陈开恩，黄洋界脚下的斜沅村一个游民，被敌人用金钱收买，带领敌人700多名的所谓的"敢死队"从黄洋界背后的山间小径，摸进了黄洋界哨口的背面，致使黄洋界腹背受敌，被敌突破。

1929年3月17日《湘赣特委给江西省委的信》记录了第三次反"会剿"的结果："当时，冲出五井的部队有红五军四五百人，遂川赤卫人队和留山红军教导团及伤兵徒手千余人。因此时天气寒冷，山路崎岖，行动非常迟缓，兼之残败之余，等到五军冲到遂川大汾地方时，敌人已布置堵截，结果大汾一段，红军虽无多大损失，而遂川武装及伤兵老小徒手，均被敌人击散。"

这次战斗又痛失一名优秀的共产党员，黄埔军校高才生、红五军副参谋长、原红四军二十八团参谋长王展程。部队被击散，王展程被捕之后，被敌人残忍杀害于遂川县戴家埔。

1929年4月4日，彭德怀在瑞金写信向中央报告："井冈山失败的缺点：部队复杂，指挥不统一，兵力单薄（一与三十、四十倍之比），昼夜出兵，得不到休息，子弹缺乏。然敌此次'会剿'有决心，有计划，悬重赏。比如得我们一支枪30元，其兵前仆后继地攻击。虽然如此，敌人没有缴一支枪去。"

四 浴血奋战

60 小井有一块被鲜血染红的稻田

毛泽东称井冈山革命根据地是星星之火，可以燎原。在早期中国革命的力量相对于蒋介石百万军队、地方军阀、地主团丁组成的强大反革命势力围剿，确实渺小，渺小得像一个动物小精灵面对是饥肠辘辘的凶恶大狮子。

1927年10月22日，毛泽东率工农革命军三营的二连、特务连及团部路过遂川大汾时，就连遂川一个地主团总萧家璧就可以对这支队伍叫嚣："不能在遂川境内驻扎，否则拔刀相见"。

这个反动团总萧家璧错估了这支军队，这支军队是毛泽东领导的共产党在历经各种白色恐怖淬炼的打不烂的队伍。当时的工农革命军在这里经历过挫折，但不怕萧家璧的刀戈。最后在井冈山还是立足了，燎原了。

在早期的井冈山斗争中，这支队伍也确实随时随地面临残酷的牺牲。

井冈山失守后的小井，1929年1月29日，小溪边的一块不到半亩的山田被鲜血染红了。

从小井红军医院转移的轻伤病员董青云正躲在对面的山坳里，目睹了这场惨绝人寰的灾难：

"1929年1月，毛委员率领部队离开井冈山，向赣南、闽西进军。敌人来袭击井冈山的小井时，红军医院有200多伤病员，十几个工作人员。其中有医生资影、徐鸽、谢秋月、伍海泉、伍久奎，还有护理人员，名字我就记不清楚了。200多伤病员中，我记得有：李新华（湖南耒阳人，红军副班长）、徐新（湖南耒阳人，红军战士）、汤新民（湖南安仁人，红军

小井红军烈士之墓

战士)、朱娥龙(江西永新人,红军战士)、彭振辉(湖南湘西人,国民党班长)、吴凤图(北方人,国民党班长)……敌人来袭击红军医院时,轻伤员和工作人员都往山上突围了,只有100多名重伤病员没有办法突围。当天,国民党军队就把他们全部拖在一块稻田里用机枪扫射。我躲在对面山上树丛里看得很清楚,先是一个个拳打脚踢,打倒在稻田里,然后开枪。我流下了眼泪。"

半个世纪后,100多名惨遭杀害的红军烈士,只找到21人的名字。

当年从小井红军医院转移出去的还有一个女战士,即时任红军医院的支部书记的曾志,后来她也魂归小井。1998年6月30日,曾志后人按照老人生前的交代,把她的骨灰从北京送回井冈山小井,和当年牺牲的100多名红军战友相伴。曾志的墓,在小井红军烈士墓左边50米的小山坡上,一棵桂花树底下,只有一块普通的石头标记,石上刻着:魂归井冈——红军老战士曾志。

青山不老,红军永存。

四 浴血奋战

61 此是东井冈，会师天下壮

1929年1月，毛泽东、朱德率红四军下山以后，困难得很，毛泽东在向中央的报告中这样描述："一路沿途无党无群众，向导又常常带错路，真是困难得很。"

这支队伍在下赣南途中的敌人是谁？国民党第七师二十一旅李文彬所部、刘建绪所部、国民党第五师第十五旅刘士毅所部。

可以想象的是这支队伍长途跋涉，兵马劳顿，饥寒交迫，每次遇敌几乎都是仓促应战，伤亡甚大。

1929年1月22日，在赣南大余县城，被李文彬所部围攻，革命队伍又痛失猛将何挺颖、张威。

何挺颖是陕西人，上海大同大学数学系高才生，毅然走到了共产党的红军队伍里。在1928年3月，曾担任师委书记，当时毛泽东任师长，史料记载，何挺颖非常尊重毛泽东，当湖南执行湘南军事部长周鲁下达的冒进指示时，他坚决站在了毛泽东一边，在酃县中村对部队进行了为期七天的思想政治教育。

很可惜，大余战斗中何挺颖身负重伤，在后来几天几夜的急行军中又遭敌袭，最后从马背上摔下牺牲，年仅24岁。

离开大余后进入赣州的龙南、定南、全南，尔后又进入安远、寻乌山区。

中国革命，险些在寻乌境内的圳下村触礁。当时林彪前卫的二十八团提前开拔，后卫三十一团尚未跟上，刘士毅所部摸进了村子，毛泽东恰巧这一次住在村外，朱德被围，因似黑脸伙夫躲过一劫，陈毅被抓住，他顺势脱掉大衣罩住敌人逃出村庄。

当时朱毛陈红四军的三大巨头经历了惊心动魄的一仗，差点改变中国革命的前途。

可惜，朱德妻子伍若兰腿部中弹，不幸被捕，被敌人杀害于赣州卫府里，年仅23岁。

刘士毅强敌跟追，赣南群众又一时没有发动起来，毛泽东和这支队伍处于十分被动的地位。

好在有一种现象坚定了毛泽东、朱德的信心。

毛泽东向中央报告中写道："尽管部队陷入困境，却没有一个人逃跑，更没有一个人叛变。"

毛泽东、朱德在瑞金的大柏地打了一仗，彻底扭转了困境。这就是大柏地战斗。

今天很难想象红四军怎样在逆境中打了胜仗。

史料记载，大柏地战斗是1929年2月10日，这一天刚好是大年初一，可是队伍中的将士已两天没吃一粒粮了，还怎么打仗？毛泽东开了特例：部队可以从老表米缸里暂借粮食，但必须留下字据，承诺日后双倍偿还。3个月后，红四军回到大柏地圩上搭起"胜利台"还粮款。

陈毅回忆："这是红军成立以来最有荣誉之战争。"战斗至紧急情况，无一兵一卒可调了，毛泽东亲自拿了一支手枪投入战斗。战斗从头天下午2时至第二天下午2时，终于利用有利地形，强大的士气，取得了全胜，歼敌1500余人，生俘敌正副团长肖致平、钟桓。俘敌800余人，缴枪800余支。

红四军赢得了主动，敌人不敢贸然再追。

1929年2月20日至25日，红四军挥师东进，在吉安东固根据地休整

四 浴血奋战

毛泽东《菩萨蛮·大柏地》，1933年夏

个星期。

红四军到东固地区和李文林、曾炳春、段起凤领导的江西红二、红四团在螺坑这个地方胜利会师。

这是土地革命时期的第三次会师，前两次是朱毛会师和毛彭会师。

东固会师，毛泽东和红四军整整在那里休整了一周，李文彬的红二、红四团送给红四军4000块银圆和大批子弹，并接收了300多名伤病员留下来养伤。红四军赠送了江西红二、红四团1门迫击炮、4把机枪，并留下了毛泽覃等一批干部，协助东固根据地开展工作。

陈毅后来作诗赞誉：

东固山势高，峰峦如屏障；
此是东井冈，会师天下壮。

62 把列宁的建党学说发展得最完备

从1929年4月至1929年12月底,在红四军的发展史上和毛泽东的个人奋斗史上,经历了一次风波。1929年2月7日,《中央给润之、玉阶两同志并转湘赣边特委信》,即从"二月来信"的迷雾刮起,至古田会议的拨云见日而结束。历史再次凸显了毛泽东实事求是的工作作风和作为革命家的高瞻远瞩。

对于这段历史的解读,邓小平有一段话切中肯綮:"把列宁的建党学说发展得最完备的是毛泽东同志。在井冈山时期,即红军初建时期,毛泽东的建党思想就很明确。大家去看看红四军第九次代表大会的决议就可以了解。"

1929年4月3日,从苏联回来的刘安恭被组织安排担任红四军的政治部主任,他执意要执行中央"二月来信"的指示,提出红四军必须分成小部队的组织,散入湘赣边境各乡村进行游击和深入土地革命,避免集中行动和解决给养问题,甚至引用布哈林的话"再这样下去,连乡下的最后一只老母鸡都会吃掉了"。而且反复建议朱、毛离开部队去中央工作。

毛泽东一针见血地指出了中央这封来信的不切实际,毛泽东认为"中央二月来信的精神是不好的"。提出:中央此信对客观形势和主观力量的估量太悲观了。我们感觉党在从前犯了盲动主义极大的错误,现在却在一些地方颇有取消主义的倾向了。中央要求我们将队伍分得很小,散向农村中,朱、毛离开队伍,隐匿大的目标,目的在于保存红军和发动群众。我

四 浴血奋战

们建议中央,在国民党军阀长期战争期间,我们要和蒋桂两派争取江西,同时兼及闽西、浙西。在三省扩大红军的数量,造成群众的割据,以一年为期完成此计划。

此时毛泽东心里不知有几分把握能说服中央,甚至在信尾提出了最底线的打算,他提出:中央若因别项需要朱毛二人改换工作,望即派遣得力人来,我们的意见,刘伯承同志可以任军事,恽代英同志可以任党及政治,两人如能来,那是胜过我们的。

毛泽东代表前委提出的意见,得到了大多数人的赞同,也得到了在中央工作的周恩来的支持。

朱毛留在了红四军,也为中央苏区的创建留下了一支坚实的武装力量。

但随着斗争的深入,这支队伍里也确实充斥着各种非无产阶级思想的影响,而且愈来愈明朗化,于是有了历史上的"朱毛之争"。

朱毛之争始于1929年5月底的福建永定的"湖雷会议"。争论焦点在于前委之下要不要设军委的问题。

1929年1月红四军下山以后,为了减少指挥系统的层次,快速灵活应付险恶的当前局面,在寻乌境内的项山罗福嶂召开的前委会议上,取消了军委,军队统由前委指挥。史称"罗福嶂会议"。

6月8日的上杭白砂前委扩大会议,军委设置问题再次成为讨论的焦点,时任红四军临时军委书记的刘安恭竭力主张设置军委。指责"党管得太多""权太集中前委了",毛泽东是"家长制""书记专政"等。

刘安恭,四川人,曾是德国柏林大学电机工程系的高才生,回国后曾参加了南昌起义,这位职业革命军人在白砂会议的小院里声如洪钟,应该说他的革命性不容置疑,关键是他在国内实践太少,对毛泽东创造的"党指挥枪"理论没有深刻的理解。

会议结束,36票对5票,同意毛泽东辞去前委书记。

毛泽东病倒了,相比于疾病,似乎那些来自战友的非无产阶级思想

古田会议旧址

对他身心的伤害更重些。

林彪在毛泽东情绪低落的历史时刻,给了毛泽东投去了信任的阳光。他在白砂会议结束的当天深夜给毛泽东写了一封信。托前委秘书江华转毛泽东,表示不赞成毛泽东离开前委,鼓励毛泽东下决心去纠正党内错误路线。

毛泽东在给林彪的回信中,将红四军党内的争论归纳为14个问题,分析了这些错误产生的原因,也解释了自己"坚辞前委书记"的理由。

毛泽东认为:红四军党内的争论,不是一个人和一时的问题,而是历史的结果,是错误思想路线最后的挣扎,是严重的政治路线问题。

陈毅同志在1971年10月的《九一三事件后在中央批林整风会议上的讲话》中回忆这一历史。他风趣地说:"你们朱毛二人,一个晋国,一个楚

四 浴血奋战

国,两个大国天天在打架,我这个郑国在中间简直是不好办,我是晋楚之间,两个大国之间,我站在哪一边,跟谁走?我就是担心红军分裂,我还是希望你们两个方面团结。"

1929年6月22日,红四军在三打龙岩之后,在龙岩伦明堂召开了历史上红四军党的七大,试图以会议形式解决"朱毛之争"。

红四军党的七大在党史上产生了重大的影响,毛泽东落选前委书记,陈毅选为前委书记。会后,陈毅去上海向中央汇报工作。李立三、周恩来等同志认真听取和研究了陈毅的报告,表示支持毛泽东回红四军前委主持工作。中央决定以周恩来、李立三、陈毅组成三人小组,全权处理朱、毛问题。

三人以中央名义写下了《中共中央给红军第四军前委的指示信》。党史上称"九月来信"。

"九月来信"最核心内容是,"毛同志应仍为前委书记"。

陈毅回到闽西上杭官庄传达了中央"九月来信"的精神,朱德表示拥护。

"朱毛之争"有了个完美的结局:毛泽东回到前委书记的重要岗位。

朱德、陈毅致信,派专人到上杭蛟洋山请毛泽东回来就任前委书记。

"润之兄:中央认为你的领导正确的,此间四军同志也盼望你回来,希望你见信之后,坐担架赶快回来,就任四军前委书记,这是中央的意思,也是我和玉阶以及前委的希冀。"

毛泽东于11月26日回到汀州,着手筹备召开红四军第九次代表大会。

古田会议放光芒。1929年12月29日,大会统一认识,一致通过《中国共产党红军第四军第九次代表大会决议案》。解决了红军中存在的单纯军事观点、流寇思想、雇佣思想、军阀残余思想、小团伙主义、个人主义、非组织观点、绝对平均主义、极端民主化等各种非无产阶级思想。

思想建党,政治建军,古田会议为党史军史树立了一座永远的丰碑。

63 《星星之火,可以燎原》

林彪自从红四军的二十八团团长王尔琢牺牲后,于 1928 年 10 月接替二十八团团长。从井冈山斗争时期开始,毛泽东给了他无数沙场实践历练的机会。

1929 年 6 月上杭白砂会议后,毛泽东辞去前委书记,林彪深夜致信毛泽东,力挺毛泽东,助力毛泽东纠正党内错误路线。无疑,在当时来说,是黑夜的一点微光,它在燃烧,让真理更加闪耀。

但半年后,林彪却让毛泽东失望。

1929 年年末,闽粤赣三省敌人"会剿"逼近。连城、永定、上杭、龙岩等地敌临城下,红四军纵队司令员的林彪又给毛泽东写了封《新年贺信》。

但信的内容完全与"贺"相违。信中,林彪主张采取"比较轻便的流动游击方式"去"扩大政治影响",对毛泽东 1929 年 4 月 5 日给中央回信中提出的"建立赣南闽西 20 余县根据地和一年争取江西的计划",疑虑重重,并悲观地表示"中国革命高潮未必很快到来"。

林彪的信引起了毛泽东的深思,并认为有"对此问题加以解释的必要。"

毛泽东因此决定回复一封信,回信的目的是抓住一点,教育全军。

于是,在 1930 年 1 月 5 日,在闽西的古田赖坊,毛泽东一气呵成写下了《时局的估量和红军行动问题》,即后来著名的《星星之火,可以燎原》。

林彪同志:新年已经到来几天了,你的信我还没有回答。一则因为有

四 浴血奋战

些事情忙着，二则也因为我到底写点什么东西给你呢？搜索我的枯肠，没有想出一点点东西来。现在我想得一点东西了，虽然不知道于你的情况切合不切合，但我这点材料实是现今斗争中一个重要的问题，即使于你的个别情况不切合，仍是一个紧要的问题，所以我就把它提出来。

我要提出的是什么问题呢？就是对于时局的估量和伴随而来的我们的行动问题上，我从前颇感觉，至今仍有些感觉，你对于时局的估量是比较悲观的。去年五月十八日晚上瑞金的会议席上，你这个观点最明显。我知道你相信革命高潮不可避免的要到来，但你不相信革命高潮有迅速到来的可能。因此在行动上你不赞成一年争取江西的计划，而只赞成闽粤赣交界三区域的游击；同时在三区域也没有建立红色政权的深刻观念，因此也就没有用这种红色政权的巩固和扩大去促进全国革命高潮的深刻观念。

毛泽东这封信不仅严厉地批评了林彪等人"红旗到底打得多久"的悲观思想，也批评了中央二月来信表露的悲观情绪，同时也标志着"农村包围城市，武装夺取政权"理论框架基本形成。

1944年3月，周恩来在《关于党的"六大"的研究》中指出："在给林彪的信中，明确指出要创造红色区域，实行武装割据，认为这是促进全国革命高潮的最重要因素，也就是要以乡村为中心。"

毛泽东强调：

马克思主义者不是算命先生，未来的发展和变化，只应该也只能说出个大的方向，不应该也不可能机械地规定时日。但我所说的中国革命高潮快要到来，绝不是如有些人所谓"有到来之可能"那样完全没有行动意义的、可望而不可即的一种空的东西。它是站在海岸遥望海中已经看得见桅杆尖头了的一只航船，它是立于高山之巅远看东方已见光芒四射喷薄欲出的一轮朝日，它是躁动于母腹中快要成熟了的一个婴儿。

64 红五军重返井冈山

井冈山失守以后,边界处于一种残酷的白色恐怖之中。这种恐怖来自于敌人的"三光政策",石头要过刀,茅草要过火,人要换种,幸存的一些党的摇摆分子又倒向了反动的阵营。

据1929年3月17日《湘赣边界特委给江西省委并转湖南省委的综合报告》中描述:"尚有苏维埃和秘密组织的区域则为永新之小西江区,四、五、六区及西北特区及东南特区与宁冈的一、二、四区。"

党组织遭到不同程度的破坏,边界武装力量也损失惨重。跟随彭德怀下山的遂川、酃县赤卫队在大汾被打散,留在井冈山的酃县赤卫队也返回酃县和资兴县境内去了。

当时还在边界活动的武装力量只有永新、宁冈、莲花、茶陵县的少部分武装,山上还有王佐当时的三十二团余部,边界力量几乎隐蔽在深山老林之中。

1929年2月,原边界特委委员兼特委巡视员宛希先来到永新境内的九陇山,召开了幸存的三县党的负责人联席会议,重新成立了湘赣边界临时特委,常委有刘真、宛希先、朱昌偕、何长工、陈正人,朱昌偕为书记。

1929年4月份,前委指示彭德怀、滕代远率红五军重返井冈山,收复根据地。

彭德怀在《彭德怀自述》中回忆:"在茨坪住了一晚,会见了王佐。拨了两千银圆救济老百姓。"

四 浴血奋战

红五军的重返，扫除了敌人第三次"会剿"带来的阴霾，使斗争的烈火熊熊燃起。

1929年5月10日，在宁冈古城召开了湘赣边界特委第四次执委会。红五军的彭德怀、滕代远和边界组织的朱昌偕、宛希先、刘真、龙超清、陈正人、王怀、谭思聪等人参加了会议。并重新改组了特委，常委有邓乾元、刘天平、陈正人、刘真、谭思聪五位同志，书记为邓乾元。

湘赣边界特委再次产生，党组织工作又有了新的战斗堡垒。

特委指示：边界党的指导机关，实由山上转移到山下平原、广地，由公开形式转变为秘密状态。

其实，红五军撤出井冈山后，山上的武装力量在当时临时特委的领导下，将红五军李灿的第一大队，袁文才、王佐部队和永新、莲花、宁冈、茶陵各县抽调而来的地方武装力量组成了湘赣边界红军独立团，下辖两个营，第一营为袁文才、王佐部，下设3个连，王佐任营长；二营为李灿的第一大队和各县赤卫大队，李灿任营长。

彭德怀于1929年4月中旬回到了井冈山，又于1929年5月22日再次离开井冈山，转战于湘粤赣边境进行游击。

红五军再次离开井冈山的原因是赣敌以2个团兵力进到了井冈山下的宁冈、永新境内，而南面的遂川亦有敌军来犯，敌众我寡，遂再次离开了边界。

边界特委书记邓乾元在《关于湘赣边界5月至8月工作对中央的报告》中说："以五月半起至六月底是边界革命之被破坏时期。"

据史料记载，此次敌人烧杀重点在山下的永新三区——小江区、东南区、西北区，屋宇烧光，财物席卷一空。

至1929年6月底彭德怀率红五军从闽西、南雄、大余一路游击回到宁冈，连续收复了遂川、宁冈两县，并决定收复安福县。

红五军攻打安福县城，战近4个小时，守敌人借城内工事负隅顽抗，

井冈山"红军万岁"雕塑

久攻不下，只能退出返回宁冈，在返回途中又遇赣敌七十团，双方激战，消灭敌军近 300 人，俘虏 10 余人，红五军伤亡 160 余人。

安福战斗，红五军失去两位优秀指挥员：军参谋长刘之至和第四纵队纵队长贺国中。

刘之至为湖北黄梅县人，黄埔三期毕业，参加了南昌起义后随朱德陈毅上井冈山。

贺国中为湖南娄底人，他是平江起义的重要领导人之一，在安福战斗中被敌人三面包围，壮烈牺牲。

烈士的牺牲又换来了井冈山边界的重新创造，当时的特委书记邓乾元向中央报告说："从七月起又是前进的现象，而各地的秘密工作，则经常不断的都有长进。"

四 浴血奋战

65 袁文才、王佐为中国革命的胜利做出了贡献

1965年5月22日，毛泽东重返阔别了38年的故地井冈山，在下山之前，毛泽东说："我要见见两个老嫂子。"两个老嫂子指的是袁文才的妻子谢梅香、王佐的妻子兰喜莲。

毛泽东握住了袁文才妻子谢梅香老人的手，说："袁文才、王佐不在了，他们为中国革命的胜利做出了贡献。"

35年前的1930年发生在井冈山的那一桩错案，是毛泽东为这两位战友洗清了冤屈。

1929年2月20日至25日，红四军在东固根据地休整了一个星期，已是红四军参谋长的袁文才偶然看到了中共六大决议案的文件，文件中关于诛杀土匪首领的文字让袁文才惊出一身冷汗。

袁文才身边的谢桂标、刘辉霄得知后，建议袁文才走为上策。

就这样，他们随部队开回赣南，在广昌境内的苦竹坪的时候，袁文才带着亲信谢桂标、刘辉霄、刘天林私自逃跑了。

当年亲历者宁冈的老干部刘天林叙说了他们一行逃跑回老家的经过：袁文才化装成做小生意的，挑了一担烂箩筐，两头装满了大蒜辣椒，驳壳枪就放箩筐底层。谢桂标挑了个布袋，里面装了花生，肩搭一根小杆。刘辉霄则夹了一把雨伞，刘天林自己手拿一副绳索，装着买卖耕牛的样子。袁文才一行走了20多天山路，在1929年农历的四月回到了宁冈，隐藏在梨树山上。

袁文才深感自己逃跑回家的错误，心里很不踏实，就托王佐找当时宁冈县委书记何长工"讨个保"。袁文才逃跑让宁冈县委的几个土籍人龙超清、谢希安很不满，纷纷要求县委从重处分袁文才。

事情到了湘赣边界特委巡视员宛希先那里，宛希先考虑当时是边界低潮时期，用人之际，仅仅给了袁文才"党内警告"的处分，而且让他担任宁冈县赤卫大队的大队长。

算是平息了这一场风波，但哪里知道袁文才、王佐与龙超清、谢希安之间的土客籍的纷争与摩擦愈演愈烈。

在井冈山一带发生的土客籍的矛盾由来已久。毛泽东在《井冈山的斗争》中陈述：

土客籍问题：边界各县还有一件特别的事，就是土客籍的界限。土籍的本地人和数百年前从北方移来的客籍人之间存在着很大的界限，历史上的仇怨非常深，有时发生很激烈的斗争。

其实，1929年红四军主力下山期间，毛泽东将袁文才调至红四军任参谋长，刘辉霄任前委秘书长，谢桂标也随红四军下山，是完全出于保护、信任、团结袁文才，避免土客籍矛盾的恶化。

土客籍矛盾的逐渐恶化，直接把袁文才、王佐这两个人深深卷入其中，并渐次发展到了永新县委与湘赣边界特委之间的对抗。这种矛盾直接导致了湘赣边界特委巡视员宛希先被害。

1978年8月24日，原井冈山斗争时期的宁冈县组织部部长刘克犹回忆："当时的永新县委负责人刘真娶了大土豪龙庆楼的妹妹为妻，结婚那天，恰逢特委开会议事，刘真没有及时赶回与会，于是有人造谣说，刘真的妻子是内奸，利用刘真来队伍里破坏革命，就将刘真妻子杀害了。龙庆楼这个大土豪认为妹妹是刘真指使所害，便趁刘真赴南昌开会回来路上将他杀害，永新赤卫队又认为刘真被害是特委宛希先所使，于是找宛希先问罪，宛希先认为一时难以说清便躲进了九陇山的老林里，但仍被永新赤卫队抓住，后被残忍地杀害了。"

特委巡视员宛希先遇害极大地伤害了袁文才，致使土客两派恩怨深化，以致袁文才不听县委一帮人的指使，扬言"我就听毛委员一个人的"。

1928年底，中共六大决议案传到了井冈山边界，文件内容又直接定性了袁文才和王佐。

《苏维埃政权组织问题决议案》第十条："暴动前可以同他们联盟，暴动后则应解除其武装并消灭其领袖。与土匪或类似的团体联盟，仅在暴动前可以适用。暴动之后宜解除其武装并严厉地镇压他们。这是保持地方秩序和避免反革命死灰复燃之必要的先决的前提。他们的首领应当作反革命的首领看待，即令他们帮助暴动亦应如此。这类首领均应完全歼除。土匪而浸入革命军队或政府中，便危险异常。这些分子必须从革命军队和政府机关中驱逐出去，即其最可靠的一部分，亦只能利用他们在敌人后方工作，绝不能位置他们于苏维埃政府范围之内。"

中共六大文件中的"严厉镇压""解除武装""反革命"的用词是笼罩在袁文才、王佐头上的阴云毒雾，幼年时期的共产党其中不少成员就像机器运转一样循规蹈矩，当时的边界特委书记杨克敏在1929年2月25日的《关于湘赣边苏区情况的综合报告》中描述："边界的土匪，一为袁文才部，一为王佐部，我们与他们利益的冲突，终究是要爆发的。"

1929年5月重新担任特委书记的邓乾元对袁文才、王佐问题的看法与策略似乎更是不假思索。他在《关于湘赣边界5月至8月工作中对中央的报告》中提出："土匪问题，对此问题，第一调开此为上策，二是敷衍以图安定为中策，三照六中全会的指示解决之，此为下策。"

整个边界从上至下对袁文才、王佐极为不利。

1930年1月18日至21日的遂川于田联席会议，是酿成袁、王错案的关键。《关于五军的经过和赣西湘东赣北鄂南等地工农革命的情形》中提出:"打破一切地方观念,坚决地与机会主义斗争,坚决地执行富农策略,坚决地将袁、王解决。"于田联席会议精神毫无疑义地代表了当地组织的决定。

"罗克绍事件",是袁文才、王佐错案发生的一根导火线。时为袁文才部传令班长的郑善致这样回忆:"1930年刚过完阴历年,茶陵游击队长吴光涛忽然跑来报告,说罗克绍在茶陵江口两里远的焦坪他姘妇家。正月初四,袁文才、王佐率领部队从新城出发,在焦坪抓住了罗克绍,同时还抓住了他的28名枪工。回到新城,袁文才给罗克绍松了绑,摆了酒席招待他,袁文才的还邀了罗克绍打麻将,这事令宁冈县委书记谢希安大为不满。"

红军老战士刘良益1969年7月4日则这样回忆:"袁文才想利用罗勾通五县敌人反水到红军这边来,同时利用枪工,到长沙运来钢铁造枪,一切办妥了再杀罗不迟。"

从历史来讲,如果大家早些理解袁文才的初衷,则或许会缓和日益升温的袁文才、王佐反水事件。但历史没有预演,也没有假设。

1930年2月22日,边界特委以"毛委员"名义给袁、王送信一封,信中内容是说打吉安,将袁、王所属部队集结到井冈山下的永新县城。统一出发,特委安排了袁、王观看地方戏,并以好酒好菜热情招待袁文才、王佐。

特委晚上召开的一场会议,袁文才、王佐和特委之间发生摩擦。

当时的中央巡视员彭清泉(原名潘心源),在会上整顿思想,特委代表纷纷指责袁文才王佐"受编不受调""反对分田,破坏苏维埃政府""扰害永新赤色政权"等等。袁、王二人个性倔强,秉性难改,怒吼之声盖过了屋顶,特委书记只得"啪"的一声把手枪拍在桌子上,王佐也乘势拔出了枪,双方一触即发,会议不欢而散。

会后永新县委书记朱昌偕带着王怀连夜赶到永新附近的红五军驻地安

福求助于红五军。

新中国成立后,彭德怀在《彭德怀自述》中回忆:"事情这样突然,时间这样紧迫,这样的事情,很不好处理。当时,军委开了临时会议,我与特委共同决定,派四纵队党代表刘宗义(张纯清)带四纵队一部分(离永新城三十里)接近县城,守住浮桥。等天明时再和他们谈判,弄清情况后,再行决定。据说四纵队一部刚到浮桥边,袁、王察觉,即从城内向桥上冲来,一在桥上被击毙,一落水淹死。……假使当时特委同志所报非实,那就特委同志也有责任,我们也有轻听轻信的责任。"

当时任宁冈县委组织部部长刘克犹在后来这样描述:"24日拂晓前,边界特委书记朱昌偕第一个闯进袁文才房间,袁文才尚不知何事,即被开枪打死在床上。负责解决王佐的永新县苏维埃主席彭文祥前往王佐住处,王佐听见枪声,即与刁飞林等几个亲信赶忙往宁冈方向的东门逃去。未料东门的浮桥已被拆掉,王佐等涉水过河,水急河深,王佐不会游泳,即被淹死在东关潭里。"

井冈山时期的曾任特委副书记的陈正人同志后来也有回忆袁、王事件的结果:"1930年10月,在红军最后一次打吉安时,我见到了毛泽东同志,他说这两个人杀错了,这是不讲政策。解放后,大概是1950年,那时我任江西省委书记,向毛泽东同志汇报江西工作情况的时候,有时也提到袁、王的事情,毛泽东同志的看法和以前一样,没有改变,还是认为杀袁、王是杀错了。"

66 "二七"会议

1930年初,赣西的革命发展达到鼎盛时期。据1930年2月14日的《前委赣西特委五六军军委联席会议通告》中的描述:"赣西及赣南的兴国、于都、宁都、南丰各县共有赤色群众150万,宁冈、永新、莲花、永丰、乐安、宁都六县都是我们的;泰和、吉安、吉水除县城外四乡都在我们手里。吉安、新余、分宜、峡江、南丰、于都各有一部分在我们手里,兴国大部分是赤区。"

新成立的黄公略等为军委代表的红六军,和彭德怀等的红五军以及毛泽东、朱德的红四军云集吉安外围,攻打吉安一触即发。

在这种前所未有的发展势头中,党内对红军行动问题和时局的估量仍然是争论不休,甚至被毛泽东讽刺为争得"不生不死"。

当时的红四军前委书记毛泽东再次站在历史潮头,提议召开红四军、红五军、红六军和赣西、赣南、湘赣边界特委联席会议,讨论赣西南的形势和任务。

1930年2月6日至9日,毛泽东在吉安的陂头主持召开的这次会议称陂头会议,也称"二七"会议。

会议由毛泽东、刘士奇、曾山等主持。其中,参加会议的,红四军代表有:毛泽东、熊寿祺、宋裕和;红六军代表有:黄公略、王如痴、刘士奇、姚起华。

红五军代表彭德怀和滕代远因赣江阻隔过江不成,未能到会,来信委

四 浴血奋战

"二七"会议会址

托红六军代表一并代表红五军。

参加会议的还有赣西特委的曾山、刘士奇、刘和谦、许白年、胡品以及各军的纵队负责人,多县区委代表一行40余人。

攻打吉安问题仍然是大会讨论的焦点,赣西特委的刘士奇和江西省委的巡视员江汉波意见完全相左,最后采取了毛泽东的主张:"拉开攻击架势,但围而不打,扫清外围,歼灭敌人。"

"二七"会议还有一个重要功绩在于统一思想,成立了新的最高领导机关——前委。

常委有毛泽东、曾山、刘士奇、朱德、潘心源,毛泽东为前委书记,同时赣南、赣西、湘赣边特委组成新的赣西南特委。

67 仅仅9个月实现了"一年争取江西"战略目标

毛泽东的伟大,在于他在实践中有很多科学的预见和决断。

1930年1月5日,在林彪等一部分人还对革命事业迷惘在"红旗到底打得多久"的疑问中,毛泽东却毅然提出了"一年争取江西"的伟大战略构想。

毛泽东的战略思想诞生于革命蓬勃发展的伟大实践之中,是源于现实又高于现实的源头活水。

1930年4月,蒋桂冯阎的中原大战爆发。这是发展红军、扩大红色区域的历史大好时机。在当时历史背景下来看,没有谁比毛泽东更了解中国革命的特点,他巧妙利用蒋介石和各省军阀的矛盾来助推中国革命发展,使中国共产党和红军从井冈山斗争到长征路上总能绝处逢生、不断从胜利走向胜利。

中原大战时,井冈山根据地周围的反动势力卷入混战,到了1930年6月,赣西的红色割据地区,除原有的边界六县外,发展到万安、泰和、分宜、安福、新喻、吉安、吉水、峡江等县,并相继建立了红色政权。

毛泽东主持召开的吉安陂头"二七"会议又使赣西南连成一片,统一了领导和思想,使革命又迎来了一个新的高潮:"八打吉安"。

"八打吉安"后,赣西地区红色区域呈梅花形状,扩展到30余县,使敌人手中的吉安城成为赣西根据地汪洋大海中的一座"孤岛"。

1930年8月24日,毛泽东趁势将红一军团和红三军团组织成了红一方面军。

9月，红一方面军打长沙久攻不克。毛泽东力主红一方面军撤出长沙，回师江西，10月4日，红一方面军在赣西南人民群众的有力配合下，一举攻下了重镇吉安。即"十万工农下吉安""九打吉安"。

10月7日，13万群众和红军一起在吉安城中山场，隆重集会，宣告成立了江西省苏维埃政府，发布了《江西省工农兵苏维埃政府布告》。

江西省苏维埃政府的成立，标志着"一年争取江西"的伟大战略目标的实现，为中央革命根据地的形成和中华苏维埃政府的诞生打下了坚实的基础。

屹立于赣江之滨，看滔滔江水，毛泽东在《中国的红色政权为什么能够存在？》中指出：

全国革命形势是向前发展的，则小块红色区域的长期存在，不但没有疑义，而且必然地要作为取得全国政权的许多力量中间的一个力量。

68 笔杆子、枪杆子

从茅坪的八角楼到大井毛泽东旧居再到茨坪毛泽东旧居,三间南方标准的依山傍水的客家民居,见证了两年零四个月的井冈山斗争。三间民居里,毛泽东断断续续住了一年零三个月,时间起始是1927年的10月7日至1929年的1月14日。

如今每年约50万来自四面八方的人相约井冈山,瞻仰毛泽东旧居及其他重要的革命旧址,他们看见的是历史的侧影,而毛泽东等在井冈山斗争时期思考的是国家和民族的未来。

三间旧居文物相异、灵魂相同,最相似的是在一间略显昏暗的小房里有书桌、书箩和桌上摆放的文房四宝:笔、墨、纸、砚。

历史仿佛就发生在昨天,伟人仿佛就站在众人面前。90多年前的毛泽东,在这里挥洒笔杆子,指挥枪杆子,出神入化,地动山摇。

从1927年的蒋介石四一二反革命政变到汪精卫的七一五公开反共,反动派用他们独有的反动武装屠杀了33万革命群众,共产党员从大革命高潮时期的6万多人锐减至1万多人。从1927年开始,蒋介石疯狂了,号叫着、嘶吼着,给下属的电报,文中用得最多的政治术语是"枪决""斩立决"等充满着血腥味的字眼。

一大批共产党的高级领导人倒在敌人的屠刀下,恽代英、萧楚女、陈延年、郭亮、彭湃、向警予、罗亦农……

对蒋介石等国民党反动派来讲是不幸的,在这个民族危急关头幸运的

四 浴血奋战

毛泽东大井"读书石"

是这个时代出了个毛泽东,毛泽东等带领共产党人前仆后继,把革命的第一个大本营选在了井冈山,这不是偶然,是历史的必然。

1927年8月7日,共产党历史上意义深远的八七会议在汉口的三教街41号(今鄱阳街139号)秘密举行,当时只是中央临时政治局候补委员的毛泽东第一次给"枪杆子"下了定义。

56年后的1978年,李维汉把八七会议筹备的文物照片当面请邓小平审阅。因为邓小平是八七会议第一个先期到达会议地点,也是最后一个离开会议地点的工作人员。

邓小平回忆:"八七会议的会场座次并没有很规矩,大家彼此显得很随意，毛泽东的位置在靠近门口一角，很谦逊、低调，但他发言时都充满激情。"

毛泽东当时阐述："从前，我们骂中山做军事运动，而我们则恰恰相反，不做军事运动，专收民众运动，蒋唐都是拿枪杆子的，我们独不管，现在虽已注意，但仍无坚决的概念，比如秋收暴动非军事不可。此次会议应注意此问题，新政治局常委要更加来注意军事，须知政权是由枪杆子中取得的。"

毛泽东"枪杆子里面出政权"的伟大思想从此诞生。

毛泽东是八七会议后第一个为共产党的"枪杆子"事业而上山下乡的中央委员。

在茅坪的八角楼，屋主谢池香老人，跟着乡亲们称这位被袁文才安排到他家居住的"客人"为"毛委员"。但对他是什么委员并不清楚，也用不着弄清楚，反正知道这位身材伟岸操着湖南口音的年轻人是眼前这次队伍的"掌头人"，是不背枪却又指挥枪杆子的不凡之人。

其实，毛泽东平生背过一次枪，但也是唯一的一次，就在八角楼二楼的木楼里，警卫员龙开富帮他套好了枪套，又按标准的左肩右挎形式帮毛泽东背上了一把驳壳枪。

毛泽东整了整衣领，对龙开富说："走，今天是师长见军长。""师长"是指他自己，"军长"是指即将见面的朱德。朱毛会师是中国革命历史的经典篇章。

八角楼主人谢池香老人不知道，住在他家的毛委员在一个月前被湖南来的军事部长周鲁误传了来自中央的指示，说中央开除了毛泽东的党籍，不宜再做前委书记，只能当师长。

好在军长见到师长之后，澄清了毛泽东的委屈，朱德说在湘南看过中央文件，是共产国际代表罗明纳兹认为毛泽东没有执行中央指示，秋收起义后不是攻打长沙，而把队伍带到了井冈山，驻扎茅坪安了家，只好让

四 浴血奋战

当时中央负责人瞿秋白拟了个文件，撤销毛泽东临时政治局候补委员的资格。但那位青年周鲁从湘南奔走至井冈山，竟说成了"开除党籍"。

毛泽东挥洒了一辈子笔杆子，也指挥了一辈子枪杆子，经典著作无数，经典战役也数不胜数。

笔杆子闪耀的是毛泽东思想的光芒，而枪杆子注入的是毛泽东改造旧世界的信念。1945 年 7 月 23 日在延安杨家岭中央大礼堂召开的党的七大，第一次明确提出了"毛泽东思想"这个伟大的科学理论，但毛泽东却十分地谦虚："这不是我个人的思想，是千百万先烈用鲜血写出来的，是党和人民的智慧。"

在井冈山时期，毛泽东的住处不是旧祠堂，就是穷苦人家的民房。祠堂是神住的地方，民房是这个社会最底层的老百姓的居所。毛泽东用笔杆子和枪杆子，让千百万穷苦百姓彻底翻身，成为自己和这个国家的主人。

和毛泽东同住在八角楼的房东谢池香老人，是个老中医，他始终不明白住在楼上的毛泽东，白天率领队伍来往于宁冈邻近的鄢县、茶陵、遂川等地指挥枪杆子，打土豪分田地，帮助穷人建立工农兵政府，回到八角楼还要彻夜地研墨挥毫写文章。他不会知道，毛泽东的著作比枪杆子还厉害。

毛泽东在井冈山斗争时期用笔杆子写下的是井冈山斗争经验的总结和思考，更是鼓舞军民斗志的旌旗和号角。

大多数革命同志和群众都读得懂毛泽东的文章、听得懂毛泽东的报告，因为毛泽东把深奥的道理讲得像茅坪河水那样透明，那样清澈。

但也有人读不懂。从湖南来到茅坪的湖南省委特派员杜修经就是其一。难怪后来这位省委特派员会犯错误，致使井冈山斗争遭遇"八月失败"。

战火纷飞中，毛泽东痛失了很多著作，但很少有文献见他说到这些历史。

唯独井冈山斗争时期的几个社会调查的丢失，让毛泽东心伤。1930 年

5月毛泽东在赣南写《寻乌调查》时,他在序言中写道:"失掉别的任何东西,我不着急,失掉这些调查(特别是衡山、永新两个)使我时常念及,永久也不会忘记。"

来到井冈山后,毛泽东把整个罗霄山脉都走遍了,他确信,就是这里,即以宁冈为中心的罗霄山脉中段最有利于实行"工农武装割据"!

但这里"人口不满两千,产谷不过万担",毛泽东曾描述:"边界经济,不但是农业经济,且还在杵臼时代",在这种地方,生存下来都需要勇气,更别说还要面对湘敌赣敌的反复"进剿""会剿"。

故而有人提出"红旗到底打得多久?"对于这段历史,1936年12月毛泽东在延安中国抗日红军大学演讲时还提出来了,他说:"当着1927年冬天至1928年春天,中国游击战争发生不久,湖南、江西两省边界区域,井冈山的同志中仍有些人提出'红旗到底打得多久'这个疑问的时候,我们就把它指出来了,因为这是一个最基本的问题,不答复中国革命根据地和中国红军能否存在和发展的问题,我们就不能前进一步。"

毛泽东这段演讲中提到的"答复"就是8年前的著作《中国的红色政权为什么能够存在?》。

毛泽东写这篇文章是在1928年10月5日。房东老人谢池香看见了毛泽东点着一根灯芯的油灯确实是昏暗,他在纳闷,队伍不是规定连以上干部晚上办公可以点三根灯芯吗?他那么大的官长为什么只点一根灯芯。

毛泽东写道:"在四周白色政权包围之中,有一小块或若干小块红色政权区域能够长期地存在,这是世界各国从来没有的事。"毛泽东在此书中,一口气回答了井冈山四周的政治状况,中国红色政权存在与发展的原因,湘赣边界的割据与八月失败,湘赣边界的割据在湘鄂赣的地位,经济问题,军事根据地6个问题。

如今的八角楼,毛泽东住过的阁楼里,书桌上静静地躺着两本著作《井冈山的斗争》和《中国的红色政权为什么能够存在?》。阳光从八角楼

四 浴血奋战

顶照进了书房，一切都显得那么温暖、和谐。

这是一间会思考、有智慧的八角楼。

思考的是中国革命到底应该走一条什么样的道路？

20世纪二三十年代有很长的一段时间，马克思主义教条化、把共产国际和苏联经验神圣化在中共中央占统治地位，从而导致红军和苏区遭遇了一系列挫折。

毛泽东偏不信邪，他坚持从中国从根据地的实际出发。他从文家市退兵到井冈山，一路思索。他的思索不是单一的就问题思考，而是在无数次战斗的基础上作实践的总结。

直到1930年1月5日，在闽西古田赖坊，毛泽东挥笔写下了《时局的估量和红军行动问题》的长篇党内通讯，这实际上是在新年给红一纵队司

八角楼阁楼里的书桌

井冈山"胜利的号角"雕塑

令员林彪的一封回信。1944年3月,周恩来在《关于党的"六大"的研究》中谈到了这封信的重大意义。

周恩来指出:"毛泽东在给林彪的信中,才明确指出要创造红色区域,实行武装割据,认为这是促进全国革命高潮的重要因素,也就是要以乡村为中心。"

毛泽东的伟大思想"农村包围城市,武装夺取政权"诞生于井冈山时期。这是从1927年10月27日上山到1929年1月14日下山,在边界六县一山,湖南的茶陵、酃县,江西的莲花、永新、宁冈、遂川、井冈山,毛泽东用枪杆子实践摸索了两年零四个月,方才得到的革命真理。

在1949年3月,河北西柏坡召开的党的七届二中全会上,毛泽东也是这样说的:"从1927年到现在,我们的工作重点是在乡村,在乡村聚集力量,用乡村包围城市,然后取得城市。"

毛泽东用笔杆子和枪杆子相结合,清晰明朗地为中国革命指明了方

四　浴血奋战

向，即井冈山道路。

但这条道路走得并不平坦，甚至很曲折，有辉煌与胜利，也有低潮与挫折。

毛泽东曾感慨："中国共产党和中国人民并没有被吓倒，被征服，被杀绝。他们从地下爬起来，揩干净身上的血迹，掩埋好同伴的尸首，他们又继续战斗了。"

曲折与困难，毛泽东同样要向中央报告清楚，这叫实事求是。

1927年后的井冈山，粟裕说是激流归大海，朱德说是群英荟萃井冈山，彭德怀说是欲以润之为榜样，或依湖泊或山区。南昌起义保留下来的部队，秋收起义的部队，平江、浏阳等地的农民武装，湘南暴动上山的农军，江西、湖南的国民党投诚人员和土生土长的井冈山绿林武装，构成了井冈山斗争的主力军。

毛泽东向中央报告中描述："普通的兵要训练半年一年才能打仗，我们的兵，昨天入伍今日就要打仗，简直无所谓训练。军事技术太差，作战只靠勇敢。"

边界党组织的发展与壮大，同样历经了一个曲折过程，毛泽东在《井冈山的斗争》讲得清清楚楚："去年十月，红军（工农革命军第一军第一师第一团）到达边界各县时，只剩下若干避难藏匿的党员，党的组织全部被敌人破坏了。十一月到今年四月，为重新建党时期，五月以后为大发展时期"，"'斗争的布尔什维克党'的建设，真是难得很"。

即使这样的恶劣环境，边界还是在1927年4月至7月达到了全盛时期，毛泽东写道："割据地区一天一天扩大，土地革命一天一天深入，民众政权一天一天推广，红军和赤卫大队一天一天扩大。"

笔杆子就是毛泽东的枪杆子，枪杆子也是毛泽东的笔杆子，从茅坪八角楼到大井毛泽东旧居再到茨坪毛泽东旧居，这些旧祠堂或民房就是用笔杆子生产思想的古老车间，也是用枪杆子决胜千里的时代心脏。

1927年10月7日,毛泽东带着队伍进茅坪时,袁文才按照客家人规矩特地为这位"毛委员"准备了新轿子、新衣裳、新鞋子,毛泽东没有更衣坐轿,但他穿了那双新布鞋,毛泽东在告诉井冈山老表,共产党队伍走的是一条新路。

1929年1月14日,毛泽东带着队伍从行洲出发,风雪下井冈,王佐按照客家人规矩特地为即将远行的毛委员准备了鸡蛋、茶叶和烟叶。毛泽东和队伍对这些物品一样都没有收,毛泽东在告诉井冈山老表,队伍走的是一条大路。

井冈山上,当年枪杆子留下的残墙弹壁,渐渐模糊,但艰苦卓绝的井冈山斗争,却时常勾起伟人太多的回忆。1965年5月,阔别井冈山38年的毛泽东重上井冈山,他以诗人的壮丽情怀,写下了两篇充满了革命浪漫主义的诗词《水调歌头·重上井冈山》和《念奴娇·井冈山》,在后一首诗词中,有"犹记当时烽火里,九死一生如昨"的感叹。

念奴娇·井冈山

参天万木,千百里,飞上南天奇岳。故地重来何所见,多了楼台亭阁。五井碑前,黄洋界上,车子飞如跃。江山如画,古代曾云海绿。

弹指三十八年,人间变了,似天渊翻覆。犹记当时烽火里,九死一生如昨。独有豪情,天际悬明月,风雷磅礴。一声鸡唱,万怪烟消云落。

五

人民英雄

69 朱德、陈毅：共产党人的参天大树

1965年7月上旬，郭沫若上了井冈山，在参观了黄洋界朱德挑粮歇息的大槲树后，写下了诗句："雄关如铁旌旗壮，小径挑粮领袖忙。五里横排遗槲树，千秋蔽芾胜甘棠。"

槲树是井冈山常见的落叶乔木，客家人更习惯于称之"荷树"。

38年前，朱德带着红军战士挑粮上井冈时，常常在这槲树下进行途中短暂的歇息。小战士朱良才因为经常看到和蔼可亲的朱军长，有一天触景生情写下了四句小诗："朱德挑谷上坳，粮食绝对可靠，大家齐心协力，粉碎敌人'会剿'"。

百年槲树依旧枝叶繁茂。朱德也是一棵树，好大的一棵树。

萧克上将回忆井冈山斗争时说，朱德在队伍中有很高的威信，红军战士对朱军长甚至有点"神秘式的信服"。

萧克所回忆的这种"威信"和"神秘式的信服"代表了朱德同志在井冈山斗争时期的地位，这种地位不仅仅是朱毛会师后召开的红四军第一次党的代表大会时军委的一纸任命，也是共产党队伍一切行动听指挥原则的体现。

朱德一生被人称呼最多的是"朱老总""总司令"，亲切而又不失威严。1928年4月24日，毛泽东在与朱德会师之前，为了表达对朱德的尊重，特地换下了常穿的长袍子，找人连夜赶做了一套灰布军装，4月28日一早，毛泽东叫警卫员龙开富帮他备了一把驳壳枪，背在肩上，他高兴地

五 人民英雄

井冈山黄洋界下朱毛红军挑粮小道

说:"今天是师长见军长",那时毛泽东刚刚被湘南军事部长周鲁通报撤了前委书记而当了师长。

井冈山时期的老干部谭震林在新中国成立后也曾经这样说:"朱德留在三河坝的那部分力量假如不能保持下来,上了井冈山,而井冈山只有秋收暴动那一点力量,将很难存在下去。"

毛泽东也多次在队伍遇到挫折和困难时谈笑:"朱毛朱毛,哪有朱离得开毛呀,朱毛不能分家。"

1946年,在延安朱德六十大寿,毛泽东坚持要为朱总司令"祝寿",并题"人民的总司令",林伯渠作诗赞誉朱德:"六十年来事业新,马列躬行不老勋。"

共产党这个伟大的战斗堡垒,因为其独特的为穷人谋幸福为穷人得解放的信仰,在风云动荡的20世纪二三十年代,吸引了无数革命志士到共产党的阵营中来。

朱德就是最典型的代表。

早期的朱德是个滇军的准将旅长，每月可以拿到2000块大洋的俸禄，但他却在军阀队伍中度日如年。1922年8月，朱德从四川到上海找到陈独秀，提出加入共产党。陈独秀说："我们党可不能让军阀参加。"

如果信奉的是个人而不是组织，那朱德一生肯定因为陈独秀的冷讽而与共产党无缘，共产党也会少了一棵阻挡风雨的大树。

但朱德就是朱德，他有领袖的思维，毛泽东也曾赞誉过朱德"度量大如海"。

朱德在国内加入不了共产党，听说法国有中共的旅欧支部，竟与孙炳文几个人乘船去法国找共产党。

在延安时期，朱老总和周恩来有一次聊到这段历史，朱德感慨道："恩来，还记得20年前德国柏林郊外的那个晚上吗？"指的是自己在周恩来、张申府介绍下光荣地加入了中国共产党。朱德的誓言是："归国后，终身为党服务，作军事运动。"

朱德真正意义上以大树形象挺立在共产党人之中，是南昌起义之后的力挽狂澜。

实事求是地说，南昌起义时，朱德在党内的地位并不突出，作为南昌军官教育团团长兼南昌市公安局局长的他还是策应为主，前敌委员会分给朱德的任务是：以国民党南昌公安局长的身份设宴，拖住滇军的两个团长，保证起义顺利进行。周恩来说话历来平稳而充满领袖的艺术性，他评价朱德南昌起义时的作用，说："朱德是一个很好的参谋和向导。"

但朱德在南昌起义后的低潮挫折时期如大树般持续为革命遮风避雨。

1927年10月2日，朱德以第九军副军长身份率2500余人阻挡了国民党钱大钧部20000多人的追击，这就是著名的三河坝阻击战。

三河坝战役和潮汕失利后，朱德率部进入江西境内的天心圩，南昌起义军进入了起义以来的最低谷。杨至诚上将后来回忆：时近冬天，官兵仍穿着单衣，有的甚至打着赤脚，无处筹措粮食，每个人都考虑着同样的问题，现在部队失败了，到处都是敌人，一无给养，二无援兵，该走到哪里去？

朱德站出来了，声音已累得有些沙哑，却中气很足：

"同志们，要革命的跟我走，不革命的可以回家，我们现在的革命，好比 1905 年的俄国革命，俄国在 1905 年失败了，到了 1917 年不是成功了吗？我们只要保存实力，革命也有办法。"

朱德在部队行将溃散的关键时刻力挽狂澜。

朱德将南昌起义剩下来的这些"种子"，编为一个纵队，下辖三个步兵大队和一个特务大队，一个教导队，有 82 门迫击炮，两挺手提机关枪，两挺重机关枪，共计 800 余人。

朱德从南昌起义的边缘走到了中国工农红军的核心，与毛泽东共同成为人民军队的主要创建者和领导人，从此"终身为党服务，作军事运动"。

1928 年 5 月 4 日的朱毛会师庆祝大会上，朱德强调："我们党领导下的两支革命武装会师了，这是一件很高兴的事，但是，敌人却很难过，那么就让敌人难过去吧，我们将来还要消灭他们呢！这次胜利会师，我们的力量扩大了，又有井冈山作为革命根据地，我们就可以不断地打击敌人，不断地发展革命。"

在井冈山斗争时期，老百姓曾经这样传颂朱德，"他能四面八方看到百里之外，能够上天飞行，在敌人面前能够呼风唤雨，死而复生。"

这是朴实的老百姓最好的愿望，要不然来井冈山"进剿"和"会剿"的湘赣两省敌人怎么会一次次失败而归呢？

1928 年 6 月 23 日，赣敌第九师师长杨池生和二十七师师长杨如轩率 5 个团兵力从永新方向进攻井冈山，毛泽东和朱德在宁冈新城召开军事会议，决定"声东击西""避实就虚"，集中优势兵力在永新、宁冈交界的"七溪岭"设伏。经过一整天的激战，在战斗白热化程度时朱德亲自提了机关枪登上了望月亭前沿阵地。战斗全歼敌军一个团，打垮两个团，缴枪800多支。

老表编了歌谣，刷在墙壁上："朱毛会师在井冈，集中力量更坚强，不费红军三分力，打败江西两只羊。""羊"是指敌师长杨池生、杨如轩。

1944年在延安，朱德在编写红一军团史座谈会上说："关于游击战争，我还有点经验，红军要以唯物辩证法去研究和运用战术，首先要知道事物是变动的，情况是迁移的，决不容用一成不变的老章法来指挥军队。"

1957年朱德作诗回顾井冈山的斗争，他写道："革命雄师会井冈，集中力量更坚强。红军领导提高后，五破围攻固战场。"

历史就是一条奔腾不息的大河，给予每个人的机会极其有限，面对不可预测的历史，朱德凭着自身的素质和信念，迸发出强烈的历史自觉。从1928年3月29日"上井冈山，找毛泽东汇合"开始，到1928年4月28日落下会师的伟大历史画幕，朱德和毛泽东一起创造了伟大的历史时刻。

朱德就是共产党人的参天大树，让后人仰止。

陈毅也是一棵共产党人的参天大树。

1972年1月6日，戎马一生的陈毅元帅病逝了，毛主席是在报送的陈毅追悼会的文件时才知道的，身边的工作人员回忆，主席的眼睛湿润了。

其实毛主席的身体也很不好，大病初愈，腿脚还有些浮肿，1月10日下午一觉醒来，问工作人员是几号了，当工作人员告诉主席是1月10日，老人家突然提出马上去参加陈毅元帅的追悼会。工作人员措手不及，周总理连忙通知在京的政治局委员。

身患重病的毛主席来了，而且提前了一小时赶到，身上也来不及换下那身打了73处补丁的睡衣。

毛主席握住陈毅妻子张茜的手，说："陈毅是个好同志。"毛主席对在场的西哈努克亲王说："陈毅是拥护我的。"

毛泽东和陈毅的44年战友情是从井冈山开始的。

五 人民英雄

1980年，当年井冈山斗争的亲历者老干部何长工写了一篇《井冈山斗争时期的陈毅同志》，提到："陈毅同志和朱德同志一起辅佐毛泽东同志创建革命根据地和人民军队的斗争中，建立了不朽的功勋，可以这样说，在井冈山斗争中，朱德同志在军事上辅佐了毛泽东同志，陈毅同志则在政治上辅佐了毛泽东同志，在政治上工作和维护部队内部团结方面，陈毅同志都是模范。"

毛泽东、陈毅、朱德是井冈山斗争时期党政军建设"三巨头"。

为了参加南昌起义，陈毅从汉口赶往南昌，一路风尘仆仆，但因敌人关卡的层层阻挠，结果迟到了6天，此时起义部队已撤离南昌南下了，但陈毅仍然在追寻这支党的军队，直到走到临川才赶上部队，见到了前委书记周恩来。

说实话，南昌起义遇到挫折，很多同志都见机脱离了队伍，陈毅却偏偏在这个低潮时刻汇入了这支洪流。

周恩来甚是高兴，对陈毅讲："派你到七十三团去当个团指导员，不会嫌小吧？"

陈毅回答得很直爽："只要让我拿武装器干革命，连指导员我都干。"

南昌起义的主力南下潮汕又遭打散，朱德的殿后2000余人又汇拢了周邦采带来的200余人，奇迹般变成主力，奇迹不是自生，而是朱德与陈毅的历史主动性转变了眼前现状。

朱德、陈毅、王尔琢率领南昌起义的余部在江西天心圩整军。粟裕回忆说，当时官兵还穿着单衣、草鞋，甚至打赤脚，已是1927年的深冬了。饥饿、疾病、逃跑在渗透部队，甚至整班、整排、整连地脱逃，队伍只剩800余人，师以上部只有朱德一人，团以上干部只剩陈毅、王尔琢。

在天心圩整顿队伍，朱德进行了著名的"天心圩讲演"，是陈毅紧跟其后。

陈毅坚定指出："南昌起义的失败，不等于中国革命的失败，大家要经得起失败局面的考验，做英雄容易，但在失败退却的局面下，做英雄就困难了，只有经过失败考验的英雄，才是真正的英雄。"

真是沧海横流，方显英雄本色。

毛泽东在井冈山时期政治工作有两个创造，一个是"支部建在连上"，一个是"士兵委员会"。而落实"士兵委员会"政策的执行人就是陈毅，他在军中的又一个职务是士兵委员会主任。士兵委员会和支部建设双轨并行，从军、师、团、营、连都有士兵代表大会和士兵委员会。

1929年9月1日，陈毅到上海向中央汇报工作，为了让中央更加详细地了解毛泽东领导的红四军，他写了《关于朱毛军的历史及其状况的报告》，其中关于士兵委员会。他写道："在全军团营连均设士兵委员会，官长同时为士兵委员会，全连士兵大会选举5人至7人或9人为连士委执委。推主席1人。各级士委的任务规定如下：1.参加军队管理；2.维持红军纪律；3.监督军队的经济；4.做群众运动；5.作士兵政治教育。"

陈毅在井冈山时曾调侃自己工作感慨："上至马列主义，下至打牌走棋。"

红军官兵一致，其乐融融。

毛泽东曾在《井冈山的斗争》中感慨："红军的物质生活如此菲薄，战斗如此频繁，仍能维持不敝，除党的作用外，就是靠实行军队内的民主主义。"

在毛泽东身边的战友，从井冈山开始的有很多传奇式的人物，有的经历曲折艰难，从旧军队走来，如朱德、彭德怀等，有的指挥神兵天将而令人折服，如林彪、刘伯承、粟裕等，还有性格光明磊落，遇事举重若轻而名垂青史，例如陈毅等。

在井冈山斗争时期，陈毅有两次代替毛泽东任红四军前委书记。

第一次是1928年8月。毛泽东不同意执行湖南省委要求红四军向湘南发展的指示，结果前来井冈山的湖南省委特派员杜修经在鄢县的沔渡召开军委扩大会议。因毛泽东在茅坪养伤没有到会，杜修经推举陈毅担任前委书记，率部进军湘南，结果酿成"八月失败"，二十九团全团溃散，二十八团损兵折将。宁冈县942人被杀，坐牢229人，反动派强行捉拿随军113人，阵亡117人。

"八月失败"让陈毅看到了自己的不足，认识了毛泽东对形势的准确判断，在回井冈山的途中，主动检讨，取消了前委，改成行委，推举毛泽东任行委书记。

第二次是1929年6月22日。在红四军七大上，历史发生了一次微妙而又重大的变化，由于红四军政治部主任刘安恭等人在"朱毛之争"上火上浇油，毛泽东又主动辞去"前委书记"。陈毅又被大会选举为红四军前委书记。但这次的陈毅真的被推上了风口浪尖。

陈毅到上海向李立三、周恩来汇报红四军的工作，写下了《关于朱毛军的历史及其状况》《关于朱毛军的党务概况报告》等五个文字材料。

陈毅这次是站在了毛泽东的一边，肯定了毛泽东的领导地位：红四军离不开毛泽东。

陈毅带回中央"九月来信"，"毛同志仍为前委书记"的中央指示重逾千钧。

曲折的经历练就了陈毅一生的大度与豁达，党史上应该没有第二人能做到带着中央对自己的免职书又带着对别人的任命书回到战斗岗位，而陈毅做到了。

毛泽东向中央回信："陈毅同志已到，中央的意思已完全达到。"

陈毅一生也和毛泽东一样，喜欢写诗，陈毅的这首《青松》诗如同自身写照：

大雪压青松，青松挺且直。
要知松高洁，待到雪化时。

70 彭德怀：谁敢横刀立马，唯我彭大将军

彭德怀戎马一生，打的几乎都是苦仗、险仗、恶仗。

1930年7月，彭德怀率红三军团猛攻湖南省会长沙，8000人硬是打退了"湖南王"何键的30000人，何键吓得两腿发软，逃跑时连马背都爬不上去，由马夫搀扶方躲到湘江西岸，从此，何键怕了跑到红军队伍里去的老部下彭德怀。

1933年11月，彭德怀指挥红三军团近20000人，在短时间内，绕道山岭昼伏夜行，竟出人意料地打到了距蒋介石前线指挥所仅30公里的临川第八中学，差点端掉了蒋介石指挥所。

毛泽东在1935年10月吴起镇大捷后，写诗赞誉彭德怀："谁敢横刀立马？唯我彭大将军。"

彭德怀收到诗后，将诗末一句改成"唯我工农红军"，展现了一位无产阶级革命家居功而不自傲，心怀将士的博大胸怀。

1928年12月10日，在井冈山下的新城"敬爱堂"这个祠堂里，彭德怀第一次见到了老乡毛泽东，彭德怀回忆，在里屋看见一个身材颀长的人向他伸手，和自己一样操湘潭口音："你也走到我们这条路上来了，今后我们要一起战斗了。"

这就是毛泽东，是彭德怀多次写信给共产党员好友黄公略表露过崇拜之情的毛泽东。彭德怀是1928年4月经湖南省委批准入党的，介绍人是共产党队伍里大名鼎鼎的段德昌。彭德怀在《彭德怀自述》中还描述

"敬爱堂"匾额

过当年自己的入党誓词:"愿为中国革命和世界革命、为共产主义事业奋斗终生,牺牲一切,必要时献出自己的生命。"

在平江起义时,彭德怀才30岁,他写密诗给黄公略:

> 唯有润之工农军,跃上井冈旗帜新。
> 我欲以之为榜样,或依湖泊或山区。

平江起义,是彭德怀革命一生的分水岭。在此之前,他是湘军独立师一团团长,是旧军阀。起义之后,他是工农红军第五军军长,是共产党员。在此之前,他每月240块大洋俸禄,骑马坐轿的待遇,起义之后,他身无分文,甚至食不果腹,穿草鞋,打赤脚,军阀是以逸待劳,以利求存,共产党人是以苦为乐,以信仰求存。彭德怀愿做后者。

彭德怀平江起义后上井冈山，实现了他"以润之为榜样""依湖泊依山区"之追求。在上山途中遭朱耀华2个团的围追堵截。红军3000人缩减至不到2000人，骨干张荣生、李力英牺牲，团长雷振辉、连长李玉华可耻地叛变了。后雷振辉用枪逼着彭德怀不让他把队伍带进井冈山，是连长黄云桥千钧一发之际救了彭德怀。

历史留下了彭德怀气壮山河的一句话：

"就是剩下我彭德怀一个人，爬山越岭也要走到底！"

彭德怀在井冈山斗争时期影响最大的就是率红五军留守井冈山，掩护红四军下赣南，展现了一名共产党人的无畏与担当。

彭德怀在《往事回忆》中这样陈述："在红五军军委讨论时，多数同志不同意五军固守井冈山的，他们的理由是平江起义推迟了湘赣两省敌人对井冈山的'会剿'，红五军已经完成了同红四军的联络任务，应当迅速北返，扩大湘鄂赣苏区根据地，井冈山虽然地势险要，但周围约二百里弹缺兵力也少，是守不住的。但是我和（滕）代远同志为了照顾全局，并且准备必要的牺牲，因而坚决地执行了四军前委的决定。"

当时，湘赣两省国民党反动派集结了18个团的兵力第三次"会剿"井冈山，彭德怀把指挥所设在井冈山的中心茨坪，自己和滕代远往返于五大哨口之间指挥。三天三夜，最后还是寡不敌众。黄洋界、八面山、桐木岭三个哨口被敌人突破，敌人直扑红军指挥所，彭德怀当机立断，率领余部800人向赣南突围。

下山途中至遂川大汾，又遭反动民团堵截，副团长陈毅安右腿被子弹打穿，副参谋长王展程和妻子段子英双双被捕。王展程后在戴家铺遭敌残忍杀害，年仅25岁，他是黄埔四期学生。至赣南信丰，红五军只剩300余人，280余枪，彭德怀一只脚穿草鞋，一只脚打赤脚。

彭德怀回顾："时值严冬，天下大雪，高山积雪尺厚，我的干粮袋丢失了，两天未吃一粒米。"

五 人民英雄

至 1929 年 3 月，彭德怀率部在瑞金再次会师，1929 年 4 月，彭德怀又根据前委指示收复井冈山，恢复了井冈山根据地。

在延安时，俄语翻译家师哲在其自述中有一段精彩回忆，讲述已经是西北野战军司令员的彭德怀："一个炙热的下午，在押解一批俘虏军官的队伍在村边树下休息，从西边走来的两个人，前者为青年，背着短枪，牵着马，数十步外为中年，50 岁左右，光着头，帽子抓在手里，脚上的布鞋破烂不堪，用麻绳绑在脚面上，走路却非常稳健有力，挑水农民正在树下休息，中年人笑呵呵走近问：'我想喝你几口水，行吗？'老农说：'你尽管喝吧！'中年人便俯下身子，从桶里狠喝了几口水，然后谢过农民，继续赶路。路边坐着的俘虏中有人认出中年人，指着背影说：'那就是彭德怀，西北野战军司令员。'其他国民党将校俘虏大惊失色，起来呆视半晌，直到背影不见，感慨万分地挤出一句话：他们怎能不胜利，我们怎能不失败！"

1982 年 3 月 18 日的《人民日报》，发表了时为中央军委副主席杨尚昆的《读〈彭德怀自述〉》文章，其中评价彭德怀："他临阵对敌的雷霆之威，对党对人民的赤子之忱，政治上的松柏之节，生活上的冰雪之操和作风上的朴实无华，使他不愧为我们共产党人和革命干部的表率，中国人民的忠实儿子。"

71 王尔琢：井冈山"飞兵团长"

江西崇义县思顺乡思顺村的虎行岭，在苍松翠竹之间有一座红军墓，墓中主人是井冈山斗争时期牺牲的著名指挥员王尔琢烈士。穿过石质门楼，拾级而上，山路尽头出现一块平台，萧克将军题写的墓碑"王尔琢烈士之墓"即映入眼帘。

王尔琢在黄埔时是周恩来的优秀学生，黄埔一期毕业后，周恩来将其留校在第二、第三期任学生分队长和党代表，北伐时，周恩来又派他到第三师任党代表兼政治部主任，二十六团团长，蒋介石叛变革命后，王尔琢跟随周恩来参加了南昌起义。

王尔琢跟着朱德、陈毅一路从潮汕到湘南再至井冈山，军事才能尽显其中。

据《上堡乡志》载："民国十六年（1927年）十一月间，朱德、陈毅、王尔琢率南昌八一起义部队转辗进驻本境二十余天，对部队进行整训。"此即"赣南三整"中的"上堡整训"。

1928年，王尔琢上井冈山后，是朱毛两部合编后的二十八团首任团长，时年25岁，全团近2000人，主力中数二十八团战斗力量最强，战士作战素质最高，最能打仗。当年毛泽东派何长工去二十八团当党代表，按道理何长工是留法回来的知识分子，又是毛泽东派他去广东韶关梨铺头联络朱德、陈毅、王尔琢队伍上井冈山的，应该说底气很足，但萧克后来回忆："何长工初到二十八团工作时，思想还颇有顾虑，因为这个团大多是黄

五 人民英雄

王尔琢

埔一、二、三、四期的毕业生，心中充满着进入正规部队主力部队的兴奋。"

王尔琢首战五斗江，威名扬遍井冈山。

1928年5月初，江西敌军第二十七师师长杨如轩率一个团以永新为据点，再派两个团的兵力分两路进攻井冈山，其中八十一团绕道拿山、五斗江、黄坳等地迂回，与从七溪岭入侵宁冈的敌第七十九团实行南北夹攻井冈山，即第一次"会剿"井冈山。朱德先向敌人示弱，诱敌深入，然后派二十八团重挫敌人八十一团。

朱德先派由湘南暴动的宜章农民自卫军改编的红军二十九团打垮了进入黄坳境内的敌八十一团一个营。红军二十九团装备很差，1600人只有200多条枪，其余武装是梭镖和大刀，敌营长逃回八十一团向团长周体仁报告，团长周体仁很不服气。

朱德料定敌八十一团会来反扑，于是派王尔琢的二十八团在五斗江设伏。这一仗打了一整天，打垮敌军一个团，击毙敌军200多人，缴枪300多支。胜利当晚在五斗江的万寿宫召开了祝捷大会。

也正是在这一年，王尔琢带领的二十八团屡立战功，获得了"飞兵团"的称号，他本人也被当地军民称为"飞兵团长"。

可惜天妒英才。

出师未捷身先死，长使英雄泪满襟。

1928年8月，井冈山斗争"八月失败"后，二十八团二营营长袁崇全在返回井冈山途中，将队伍带往赣州方向，有意投敌刘士毅独立师。王尔琢只身带了一个警卫排，追到崇义县思顺墟，在一个旧祠堂里被叛徒袁崇全开枪杀害。

王尔琢牺牲后，陈毅说是"红军极大损失"。朱德军长兼任了二十八团团长，直到1929年10月，林彪营长接任二十八团团长。

毛泽东再次痛失一员爱将，挥泪亲撰挽联：

一哭尔琢，二哭尔琢，尔琢今已矣！留却重任谁承受？
生为阶级，死为阶级，阶级后如何？得到胜利方始休！

五　人民英雄

72　何长工：志身革命做长工

1927年9月9日，毛泽东领导了著名的秋收起义。看着队伍在修水浩浩荡荡，工农红旗迎风招展，全体官兵佩着红色的识别带（也称牺牲带）和臂章，个个英姿勃发，生龙活虎。"打倒土豪劣绅""实行工农革命"的口号一浪高过一浪，毛泽东诗兴即来，写下了《西江月·秋收起义》：

军叫工农革命，旗号镰刀斧头。
匡庐一带不停留，要向潇湘直进。
地主重重压迫，农民个个同仇。
秋收时节暮云愁，霹雳一声暴动。

这面绣着镰刀斧头的第一面工农红旗的设计者之一就是何长工。

1927年9月初，何长工根据团长卢德铭的指示，要在起义之前做好一面军旗，队伍的番号称工农革命军，何长工找来团部副官杨立三和20岁出头的团部参谋陈树华一起商议。何长工说，工农革命军是共产党领导的队伍，必须有镰刀、斧头和红旗等标志。

何长工从附近裁缝店里借来了剪刀、卷尺和线包，制作出了工农革命军的第一面军旗。军旗的底色为红色，象征着革命，也是我们共产党人所有旗帜的通用色彩，正中的黄色五角星代表中国共产党，五角星内是黑色的镰刀斧头，代表工农，套旗杆的旁边是白色底色，何长工用毛笔写上："中国工农革命军第一军第一师。"

我军历史上的第一面军旗就这样诞生了。

何长工，原名叫何坤。1900年出生于湖南省华容县，他在洞庭湖边的一条渔船上长大，参加过五四运动，后又赴法勤工俭学。1922年在法国加入中国共产党，回国后，即投入了革命运动。在华容老家，做过共产党接管的县团防局副局长和农民自卫军总指挥。后去武汉国民革命军第二方面军总指挥部警卫团工作。领导人就是大名鼎鼎的秋收起义总指挥卢德铭，在武汉何长工认识了毛泽东。1927年5月，何坤遭湖南军阀许克祥悬赏捉拿，毛泽东说："你的名字太显眼，你志身革命做长工，就改做长工二字怎样？"何坤连声说好，从何坤到何长工，人同志不同。

何长工雕塑

在井冈山斗争时期，何长工深得毛泽东的信任，毛泽东曾派何长工到广东寻找联络朱德率领的南昌起义的这支队伍。

何长工在广东韶关的一个澡堂里打听到了朱德的队伍下落。何长工回忆说："在澡堂里，有人议论梨铺头来了玉阶的队伍。"于是何长工赶到梨铺头，见到了朱德、陈毅、王尔琢等人，沟通了毛泽东与朱德部的相互联系，从此朱德部队肩负起了新的使命踏上了新征程。

何长工是朱毛会师的第一个牵线人，他是一座桥梁。

1928年1月，何长工完成了与朱德率领的南昌起义余部联络任务后，一路辗转回到遂川，见到毛泽东，随即又接受了毛泽东亲授的另一个重要

五　人民英雄

任务：改造王佐队伍。何长工回忆说，自己有几分犹豫，因为考虑到王佐的队伍革命理想信念模糊，流寇思想、游民习气很重，而且王佐不是党员，是蛮牛。

毛泽东说："去了以后，困难是有的，要边工作边学习，不入虎穴，焉得虎子。"

何长工是井冈山斗争时期革命队伍里众多知识分子的一员，有文化、有见识，遇事用心去解决。他到王佐队伍里，开始王佐派了个高个子警卫员为何长工做内勤，其实是不放心何长工，派人有意跟踪他，不让他插手队伍之事。但何长工巧妙地化解这个防线。他先是善待王佐母亲范辰妹，每天替她挑水劈柴烧饭，诚心感动范老太太，她在王佐面前说了不少好话。其次是交心王佐部下刁辉林，成了刁辉林的好友，刁辉林是王佐的参谋，他也说了何长工不少好话，最关键的是何长工为王佐出谋划策，帮助他们除掉了心头之患尹道一。何长工彻底征服了王佐，把毛泽东的策略贯彻到了队伍里的每一个角落。成功地在1928年1月将王佐队伍改造成了工农革命军。

何长工先后担任过红四军二十八团和三十二团的党代表、中共湘赣特委委员、宁冈县委书记、第六纵队的党代表，1930年7月红三军团攻打长沙，何长工任红八军军长。

长沙第一次被红军攻破，国民党湖南省主席何键恼羞成怒，指使国民党华容县县长李寿眉残杀了何长工的妻子孟淑亚，5岁儿子何光球，3岁儿子何光星。何长工依然坚定共产主义理想信念，投身革命事业，这是何等的坚强！

新中国成立后，何长工先后任重工业部副部长、地质部副部长、中国人民解放军军事学院副院长、全国政协副主席等职。

何长工的一生是革命的一生，战斗的一生，为人民服务的一生，终身践行了"为民众打一辈子长工"的誓言。

73 罗荣桓：政工巨匠

"我一生选择了革命道路，这一步是走对了，你们要记住这一点，我没有什么遗产留给你们，爸爸就留给你们一句话，坚信共产主义这一伟大真理，永远革命，我革命那么多年，选定一条，就是要跟着毛主席走。"

从1927年秋收起义就跟着毛泽东闹革命的罗荣桓，在人生尽头时还不忘教育后人永远跟着毛主席走。

罗荣桓

毛泽东率领秋收起义队伍上井冈山时，25岁的罗荣桓是特务连的党代表。上井冈山途中三湾改编时，罗荣桓就在毛泽东的身边。罗荣恒回忆当年毛泽东为什么要进行三湾改编：

"这支部队虽然有不少党员，但还没有坚强的组织核心，指挥员大多是军校毕业不久的知识分子，没有打过仗，没有实际指挥的锻炼，所以战斗力并不强。"

罗荣桓总结道："党的基层组织建在连上，小组深入班排，这看来是小事，但意义是伟大的。"

罗荣桓是毛泽东实行党代表制度的忠实实践者。

1928年初，罗荣桓调一团任连党代表，后又调三营任党代表，三营是

五 人民英雄

毛泽东带的最多时间的一个营。但当罗荣桓看到队伍里还有老兵打新兵、官长打士兵的现象，他忧心忡忡。有一次看到一个班长在打骂一个违反纪律的新兵，罗荣桓耐心地给这位班长讲述士兵委员会的道理："毛委员多次讲，我们带兵靠拳头和脚踢是达不到效果的，战士们有缺点错误，我们要给他们讲清楚道理，错在哪里，以理服人，战士们方可不会再犯错误。"

罗荣桓回忆："井冈山时期，由于干部处处以身作则，作风民主，士兵受到感动，他们在自觉的基础上，爱护干部，听从指挥。"

当年的战士回忆罗荣桓："罗荣桓从当连党代表开始，就一直处处以身作则，凡是要别人做到的事，自己首先做到，以自己模范行动作为无声的指挥命令。冲锋时，他和连长跑在前头，撤退时，又在后面负责掩护。行军休息时，又亲自查铺，并帮助战士盖好被子，发零用钱时，他和连长司务长总是最后去领，开饭时，他又带着几个党员去查哨。他自己病了，咬咬牙坚持工作和战斗，可战士们病了，他亲自看望，还嘱咐伙房做病号饭，晚上点名，他能叫出每个战士的姓名。"

罗荣桓在井冈山时期把党代表的角色做成了战士的勤务员、保姆、指导员。三营成了红四军的模范营，毛泽东常常用三营的经验教育全军的指战员。

正是这种尊重爱护士兵又严于自律的精神，使罗荣桓做思想工作时少有阻力，成为思想政治工作的一代巨匠。毛泽东同志曾评价罗荣桓："荣桓同志是个老实人，可又有很强的原则性，能顾全大局，一向对己严，待人宽。做政治工作就需要这样的干部。"

政工干部出身成为新中国的元帅，唯有罗荣桓。足见党和毛泽东对罗荣桓一生的肯定。

74 宛希先：井冈山上一尖兵

1965年5月22日，毛泽东重上井冈山，入住茨坪的井冈山宾馆，此后的7天，他每天早晚都会在宾馆附近踱步。触景生情，毛泽东对陪同的汪东兴说："一回到井冈山呀，我脑子里就会重现出一张张年轻的面孔，活生生的，他们都是有坚定信仰，有牺牲精神的好同志啊！牺牲时都只有二十几岁呀！"

宛希先，一个湖北黄梅县的知识分子，跟随毛泽东秋收起义，后上了井冈山，牺牲时就只有24岁。他的革命的理想和早期接受的教育分不开，宛希先少年时在黄梅县的高等小学读书，在那里接受了《向导》《中国青年》等进步书刊的教育，树立了马克思主义观。

宛希先1924年参加革命，1925年登上黄埔军校政治部职员的锻炼大平台，在那里接受周恩来的领导与教导。

在黄埔时期，宛希先秘密地加入了共产党，参加了北伐战争，后来受组织派遣，到国民革命军第二方面军总指挥部警卫团任职，历任班长、排长、连长，这个警卫团后来就是1927年跟着毛泽东秋收起义的骨干力量。

1927年8月，宛希先随警卫团出发，本是受党组织调遣参加南昌起义，因为路上耽搁太久，未能赶到南昌起义的时间，随后开赴江西与湖南交界的平浏一带，被秋收起义前委编为第一团，宛希先任一营党代表。

宛希先在井冈山时期有3件事情深得毛泽东信任。

一是三湾改编，部队到达永新三湾，士气低落，逃跑脱队日益严重，

五　人民英雄

宛希先

第一次出现官多兵少，枪多人少的困境，毛泽东提出"三湾改编"。宛希先极力配合毛泽东的决策，支持拥护三湾改编，任团副党代表，并被增补为前委委员。

二是宛希先个人的信仰之路很正确，宛希先在井冈山时期关键时刻写了两封信给毛泽东，让毛泽东认为宛希先党性很强。

第一封信，是1927年11月下旬，毛泽东派宛希先、何挺颖、谭震林率部第一次打下国民党县级反动政府——茶陵县。当时成立县级委员会，让工农兵队伍中曾做过安徽旌德县县长的谭梓生担任县长，可是这位谭梓生仍然按老县衙那一套搞升堂审案，收税征粮，老百姓很失望。宛希先写信向毛泽东报告这些现象，毛泽东随即回信："新的政权不能按国民党那一套搞升堂审案，要成立工农兵政府，发展群众开展斗争。"于是才有了谭震林、陈士榘、李炳荣为代表的第一个工农兵政府产生。

第二封信，是正当工农革命军在茶陵开展群众工作时，团长陈皓、副团长徐庶、参谋长韩昌剑、第一营营长黄子吉整天沉迷于吃喝玩乐之中，而且团长陈皓在茶陵的种种异常活动，引起了宛希先的警惕，特别是陈皓私吞黄金，拆掉工农革命军撤退必经的浮桥，私信联系国民党十三军军长方鼎英等行为，宛希先判断陈皓这个人会叛变投敌，于是又写了一封信给毛泽东。12月27日，毛泽东收信后，立即带了陈伯钧率一个警卫排赶到了当时陈皓部所在的湖口，当即下令逮捕了陈皓、徐庶、韩昌剑、黄子吉等人，平息了湖口风波，处决了反动叛变分子。

三是，1929年2月，井冈山失守后，宛希先从深山里带了几个人和永新县委的刘真、朱昌偕、王怀等人联系上了，在革命处于低潮时期召开了永新、宁冈、茶陵、鄘县的联席会议，组建了湘赣边界临时特委。5月初，彭德怀率红五军从赣南重新打回了井冈山，和宛希先联系上了，重新组建了湘赣边界特委，确定了以永新为中心，重新恢复井冈山根据地。

1929年冬天，宛希先在江西永新县大湾村被错杀，年仅24岁。

1945年在延安，宛希先被党组织追认为革命烈士。

75 贺氏三兄妹

井冈山的斗争，云集了无数有志青年和农民兄弟，井冈山本土人物中不能不说到贺氏三兄妹：贺敏学、贺子珍、贺怡。三人本是农民子弟，初涉革命之路，正好遇见了毛泽东，贺氏三兄妹，人生从此有了质的飞跃。

1954年6月，毛泽东在中南海召见贺敏学时称赞他有"三个第一"：武装暴动第一，上井冈第一，渡长江第一。即：1925年率永新暴动贺敏学任副总指挥，在井冈山地区第一个领导暴动；1927年10月贺敏学和袁文才在茅坪迎候毛泽东和秋收起义部队的到来，第一个迎接秋收起义部队上井冈山；1949年百万雄师过大江，贺敏学是三野九兵团二十七军副军长兼参谋长，贺敏学坐上了七十九师二三五团一营三连五班战士的小木船，第一批渡过了长江。

贺敏学在家乡井冈山遇见了毛泽东，是他人生的最大转折点。新中国成立后，贺敏学回忆："永新暴动，恢复了县委，暴动后，敌人大部队来反攻，我们考虑到王兴亚是湖南人，对湖南方面的情况比较熟，于是由他带部队去醴陵一带活动，后来他参加了秋收起义，并且在安源张家湾遇到了主席，毛主席就是通过他知道井冈山的，我和袁文才是同学，这样，我就和袁文才的部队一起到了茅坪。"

1984年7月28日，贺敏学重上井冈山，瞻仰八角楼革命旧址时，他回忆："马日事变后，袁文才把我们从监狱里救了出来，我就住在楼上，主席来了以后，我就让给主席住。"

贺敏学

据史料记载,在井冈山斗争中的许多重大事件贺敏学都在毛泽东的领导下直接参与了。例如第一次攻打茶陵,他随宛希先、谭震林部出发;改造王佐武装,他和何长工一起,任过三十二团党代表;毛泽东在永新塘边村做社会调查,他和刘真一起协助毛泽东去下乡走访;黄洋界保卫战,他和陈毅安从茨坪修械所把修好的一门迫击炮抬上了黄洋界,一炮打退了敌人的进攻,敌人误以为红军主力回到了井冈山。

1988年贺敏学逝世时,他的老上级,时任全国人大常委会副委员长叶飞写挽联:"上井冈,赴疆场,初显英雄本色;逢浩劫,处逆境,更见烈士高风。"

贺敏学自己从走上革命道路那一天起,也带出了两个妹妹。

大妹贺子珍后来回忆了自己第一次在宁冈大仓村遇见毛泽东的情景:"毛泽东穿的是一身破旧的中山装,脖子上系了一条红色识别带,人很消瘦,皮肤晒得很黑,但一双眼睛却炯炯有神。"

五　人民英雄

贺敏学的两个妹妹：贺子珍、贺怡

史料这样叙述毛泽东第一次看见贺子珍情景：当袁文才介绍到贺子珍时，毛泽东有点惊讶，他没有想到，在井冈山的革命派"头面人物"中，竟然还有一位女性，且是个美貌姑娘。

第一次见面，让毛泽东对贺子珍有了好感。

1928年5月至6月间，毛泽东在永新县委书记刘真陪同下在永新县塘边村做社会调查，住在一个农民家里，毛泽东和贺子珍也就是在这个时候结婚了，因为当时战事频繁，条件艰苦，没有举行什么仪式，后来回到茅坪，在袁文才家里做了几个菜，算是补了一个仪式。贺子珍在和毛泽东结婚之前是永新县妇委书记和共青团县委书记，结婚后，贺子珍的职务是前委秘书，协助毛泽东整理文件，收集报纸，保管文件，拟写书稿，等等。直至后来长征路上，贺子珍遭敌机轰炸，多处受伤，毛泽东对贺子珍关心备至，飞马赶至现场叮嘱身边医务人员一定要照顾好贺子珍。

据李敏回忆，毛泽东在逝世前已无法言语，用手指比画了一个圆圈，在场无人理解，李敏后来猜测，父亲是在牵挂母亲贺子珍，因为贺子珍乳名"桂圆"。

49年的战友和伴侣的特殊感情，一个手势印证了毛泽东对贺子珍一直牵挂在心。

贺敏学带出了贺子珍，贺子珍又影响了妹妹贺怡，贺氏三兄妹在大革命失败后的白色恐怖之中，仍然在党的领导下坚持斗争。

贺怡15岁加入中国共产主义青年团，任县妇女协会委员。17岁时与有文化的姑娘组成"十姐妹"演讲队，深入城乡，宣传革命道理，号召妇女解放，向群众揭露蒋介石四一二反革命政变的真相，以至于永新县的国民党反动派扬言要将贺家"洗劫一空"。

1930年2月，毛泽东率红四军已在赣南开辟了更大的根据地，将湘赣边、闽西、赣西南根据地连成一片，召开了重大的"二七"会议，此时贺怡已是赣西南特委候补委员兼妇运部长，1931年7月，又任特委委员兼保卫局长，在这时遇见了毛泽东的胞弟毛泽覃，他当时是中共永丰、泰和特委书记，两人志同道合结为夫妻。1933年7月，王明在苏区大搞冤假错案时，错误制造"邓毛谢古"冤案，毛泽覃受到排挤打击，贺怡仍陪在毛泽覃的身边，红军长征时，毛泽覃留在苏区坚持游击战争，任独立师师长，不幸被捕，遭敌活埋壮烈牺牲，贺怡带着刚出生不久的孩子，坚持斗争。

新中国成立后，贺怡任中共吉安地委组织部部长，不久，她去赣南寻找姐姐贺子珍和自己在长征前留在老表家里的孩子时，却在泰和县境内因车祸遭遇不幸，时年38岁。

井冈山的贺氏三兄妹，跟着毛泽东，跟着共产党，战斗了一生，无论逆境还是顺境，都坚持信仰，留下了千古芳名。

76 伍若兰：坚贞不屈"井冈兰"

1962年1月，朱德重上井冈山，踏上34年前战斗工作生活过的土地，一草一木都让76岁的老人思绪万千。下山时朱德带上了一株被当地人誉称"井冈兰"的兰花，并赋《咏兰》诗一首：

> 幽兰吐秀乔林下，仍自盘根众草旁。
> 纵使无人见欣赏，依然得地自含芳。

世间有多少人能读懂朱德的井冈兰情结，那是他对已故妻子伍若兰烈士最深情的怀念。

伍若兰，湖南耒阳人，8岁上私塾，12岁就读湖南耒阳女子职业学校，21岁考入衡阳省湖南立第三女子师范学校，毕业后，回到家乡耒阳从事革命斗争。先后做过农运工作，担任过县妇联主席。

1928年1月，朱德、陈毅率南昌起义部队余部从广东乐昌"隐蔽北上，穿山西进，直奔湘南"，到达湘南后，领导了轰轰烈烈的"湘南暴动"，发动了近100万民众。耒阳、安仁、郴县等先后建立了苏维埃政府，伍若兰被组织分配到苏维埃政府任妇女部部长。

不久，伍若兰调到工农革命军第一师师部做宣传工作，在这里认识了朱德。不久，两人在耒阳结为夫妻，当时，湘南特委的"坚壁清野，焦土政策"等"左"倾错误思想伤害了群众利益，使工农革命军陷入一种脱离群众的境地，同时，蒋介石纠集了7个师的兵力，南北夹攻朱德、陈毅的队伍。在这时，毛泽覃受委派与井冈山根据地的代表何长工取得联系，决定会师井冈山，朱德、陈毅在1928年3月29日，率部浩浩荡荡上了井冈山。

伍若兰在井冈山时期的工作主要是做宣传，贴标语，分发当地浮财。她还练就了一身"好枪法"。在井冈山时期是远近闻名"双枪英雄"。在著名的"七溪岭战斗"中，战斗进入白热化程度，在望月亭前沿指挥部，伍若兰提着双枪跟着丈夫朱德上前线，打退了敌人的八次进攻。

伍若兰雕塑

1929年1月14日，伍若兰随红四军下井冈山。很可惜的是在寻乌县圳下村战斗中，为了掩护朱德转移，子弹打穿了右腿而不幸被捕。

圳下村战斗是红四军下井冈山后最为惨重的一次战斗。天还未亮，敌人刘士毅部一个团敌人冲进了红四军宿营的圳下村，毛泽东险些被俘；陈毅在街上给群众分发财物，被捉，脱下大衣，甩向敌人逃出村庄；朱德撞上敌人，被询问，答是红军伙夫，没有被敌人认出，伍若兰却被俘，连夜押往赣州。

当敌人知道伍若兰是朱德妻子时，欣喜若狂，如获至宝，连夜审问，但没有料到伍若兰比铁还硬，烧烙铁、踩杠子、灌辣椒水等毒刑都无法让伍若兰开口，开口也只有一句话，"要想改变我的信仰，除非日从西边出，赣江水倒流"，最后被敌人将首级挂在赣州城门示众，年仅26岁。

美国女作家史沫莱特在她的《伟大的道路》一书中，记载了朱德深情回忆伍若兰烈士的一段话："伍若兰又会搞宣传，又会打仗，能文能武，智勇双全，这样的女子难得啊！"

77 谭震林：井冈山斗争时期的第一个工农兵政府主席

1927年11月28日，工农革命军打下了国民党茶陵反动政府，成立了井冈山斗争时期的第一个工农兵政府，即茶陵县工农兵政府。谭震林任工农兵政府主席。

1977年10月30日，谭震林重上井冈山时，回顾了这段历史："1927年11月，工农革命军第二次打下茶陵，当时茶陵县委还在山上，我去接头，找到宛希先，问他怎么办？他说你是工人，先组织工会。不久，我们就成立了县总工会，大家选我当县总工会主席。第一次攻克茶陵时，成立了茶陵县人民委员会，委任谭梓生当县长。由于大家都没有经验，开始按旧衙门的章程办事，坐堂审案，派捐派款，毛委员知道后，立即来信指示要通过工农兵代表大会产生政府。不久在茶陵县召开工农兵代表大会，有八九十人参加，会上投票选举我当选为主席，（我）是工人代表，陈士榘是士兵代表，还有个姓李的农民代表（李炳荣）。我们设个常委实行集体领导，主要做部队的后勤工作，筹粮筹款，我们还分派了人员到城郊农村发动群众，打土豪，组织赤卫队，县里建了游击队，大队长是谭家述。县政府成立后，还出过布告，是石印的，政府的印鉴是长条形，名称叫'茶陵县工农兵政府'，这是湘赣边界的第一个工农兵政府。不久大兵压境，我军撤退，茶陵县被敌人占领，茶陵赤卫队200多人也跟我们一起上了井冈山。"

50年前的政府组成人员有谁、政府印章是什么样子、毛泽东的亲笔来

谭震林

信写了什么，谭震林依然记忆犹新。

1928年2月，毛泽东又派谭震林到永新九龙山一带做社会调查，了解土地占有情况，为毛泽东起草井冈山《土地法》提供了第一手资料。5月，湘赣边界特委和边界工农兵政府成立，谭震林当选为特委常委、副书记和土地部长。10月，谭震林任特委代理书记。11月任特委书记，并当选为前委委员，直接在毛泽东的身边开展工作。

谭震林，这位工人出身的红军干部在新中国成立后曾任浙江省委书记并主持华东局工作，后任中央书记处书记、中央政治局委员、国务院副总理、全国人大常委会副委员长、中央顾问委员会副主任等职。

1977年75岁的谭震林重上井冈山，不辞辛劳，拄着拐杖走访当年的老表，百感交集，即兴赋诗：

> 二十五岁上井冈，七十五岁又重访。
> 五十年来奋斗紧，内外妖魔皆扫光。
> 反复搏斗从未停，天翻地覆慨而慷。
> 一切归功毛主席，一切归功共产党。

78 毛泽覃：创建了井冈山斗争时期的第一个农村党支部

毛泽覃上井冈山是 1927 年 11 月上旬。毛泽覃原在国民革命军第四军政治部工作，南昌起义时，他在叶挺领导的第十一军二十五师政治部担任宣传科长。在 1927 年 8 月 3 日，南昌起义部队余部南下后，几经周折到湘粤赣边界。在 10 月 7 日的广东饶平的茂芝会议后，朱德、陈毅率二十五师余部进入了广东韶关，经朱德汝城谈判，南昌起义余部受到了朱德在云南讲武堂的同班同学国民党第十六军军长范石生的帮助，获得了一个月军饷和枪支、弹药、服装等军需用品，之后准备进入湘南。

毛泽覃

在这样的背景下，朱德派毛泽覃以第十六军副官的身份，携带证件，身着国民党军官服装一人先行到湘南上井冈山，在湖南茶陵县和江西宁冈县交界处的坑口村，见到了从井冈山来的工农革命军一个连，连长游雪程了解毛泽覃的身份，立即派人护送毛泽覃上了井冈山。

1928 年初，毛泽覃见到了大哥毛泽东。

此次见面离俩兄弟上次的分别已足一年了，1927 年初，毛泽覃在武汉和毛泽东、毛泽民、杨开慧相聚过。汪精卫"七一五"分共以后,"宁可错杀三千,不漏一个"的白色恐怖日益严重,兄弟三人各自奔赴战斗岗位,杨开慧和毛泽覃妻子周文楠返回了湖南。

毛泽东考虑弟弟毛泽覃曾在水口山矿区和长沙做过工人运动和青年运动,在发动群众中有丰富的经验,即派毛泽覃到宁冈县乔林乡发展党组织。

在井冈山下的乔林乡,毛泽覃创建了井冈山斗争时期湘赣边界的第一个农村党支部,这里至今流传着毛泽覃的革命故事。当时乔林乡的人口只有300多人,老表对地主豪绅的剥削欺压敢怒不敢言,心里害怕镇压的阴影笼罩在每一个人身上。毛泽覃到乔林乡后,白天到穷人家里做调查,夜里组织穷人听自己的报告。

他了解到村里的一个叫廖石古的长工被剥削例子,用这样的例子在穷人心中烧了一把火。

廖石古,是乔林乡的长工,常年给地主豪绅做工,且不识字,每做一天就在自己的小木箱里做一个泥团,表示做了一天。年末,地主把他的小木箱里灌满了水,泥团化成了泥浆,地主以廖石古做工没有字据为由,分文不付给他,辛辛苦苦干一年,廖石古两手空空回家。第二年,廖石古怕泥团化水就改成做一天在小木箱里放一根小棍,年末,地主一把火烧了他的小木箱,又分文未取回家。第三年,廖石古做一天在纸上画一个圈圈,结果,地主拿出算盘七折八扣,到年末,又分文未得。

毛泽覃领导的农协会组织了200多人,围攻了地主陈云开的家,把他家的浮财分给了穷人。

毛泽覃通过创办夜校、访贫问苦等一系列举措,用穷人身边的人和事深深地唤醒了工农群众。

1928年2月初,毛泽覃组织了刘育柱、甘干生、廖石古等人的入党仪式。

乔林乡党支部的成立和发展是井冈山斗争时期党组织建设的一面旗帜,并在党的建设、武装斗争、土地革命等方面积累了许多成功经验。

五 人民英雄

79 陈毅安：红色情书与无字书

井冈山斗争时期，那些舍生忘死的红军将士的感人事迹，今天已以成札成札的书籍昭示后人，但他们在情感生活中的细腻和温柔却鲜为人知，其实，他们也有常人一样的情感，只是因为战火的洗礼，生死的考验，使得他们的爱情少了一些花前月下的温柔，少了一些卿卿我我的缠绵，更多的是生死离别的悲怆。

走进陈毅安烈士25岁的青春人生，他给家人、妻子的54封红色家书，是一个很好的解读窗口。

陈毅安在秋收起义后，跟随毛泽东上了井冈山，在井冈山斗争时期，他是三十一团的副团长，而毛泽东对三十一团最有感情，常常率三十一团进行大大小小的战斗。在井冈山最困难时期，甚至是衣不蔽体，食不果腹，但红军将士的精神世界依旧那么阳光。

陈毅安上井冈山后，率部在遂川一带游击，给未婚妻李志强写了一封信：

志强：

现将我的近况略略地告诉你：我天天跑路，钱也没有用，衣也没有穿，但是精神非常的愉快，较之从前过美好优越生活时期好多了，因为是自由的，绝不受任何人的压迫，顺祝平安。

一九二七年十月初三

陈毅安

没有饭吃没有衣穿的艰苦生活,在陈毅安眼里却有一个自由乐观的精神世界,而支撑这个世界的就是他对共产主义的信仰。

陈毅安出生于湖南湘阴县金龙乡(今金龙镇)的贫苦人家,7岁读了小学,15岁就考上了湖南省立甲种工业学校,17岁入团,19岁入党,后来考入了黄埔军校四期,从此树立了正确的人生观、世界观与价值观,并且在书信中影响未婚妻李志强。他在黄埔军校时期写了一封信给李志强。

六妹爱鉴:

现在我进了学校,老实不客气对你不起了,也已经同别人又发生恋爱了,这个人不是我一个人喜欢同他恋爱,世界上的人恐怕没有人不钟情于他,这个人是世界上的怪物,也是帝国主义的敌人,就是列宁主义,你若明了他的意义,恐怕你也要同他恋爱了,若你真能同他恋爱,就是我同你恋爱的真精神,请你早些下个决心吧!

一九二六年四月十四日

陈毅安在黄埔军校毕业后,担任了国民革命军第三军教导师第三团三营七连的党代表,作为一个连级的党代表,他时时以党员的标准来教育影响身边的战士,并写信告诉了未婚妻:

五 人民英雄

志强吾爱妻惠鉴：

接到你的来信，我的灵魂安慰极了，使我爱你的心头变成了一种不可思议和不可形容的状态，我来自广东，已有一载有余了，我的言语，我的行动，都是革命的，都是光明磊落的，我不赌不打牌，不喝酒，连纸烟都不吸了。

尤其我现在担任了党代表工作，要成为人家的模范，要去指导人家，一举一动都得特别的留心，革命党员先要革自己的命，然后才可以把人家革命化，不是一个糊涂虫，不是一个怪物，当然不要你来操心，不过你的归〔规〕劝，你的批评，我是十分的诚意的欢迎和接受的，不接受归〔规〕劝和批评的人，可以说不是革命党员了。

毅安草复

一九二七年一月十八日

陈毅安随着共产主义革命道路越走越深，他的信念也越来越坚定，并且时时写信告诉妻子树立正确的爱情价值观。

我最亲爱的志强妹：

我们是有阶级觉悟的青年，担负了中国革命与世界革命的神圣使命，我们难道恋恋于儿女的深情吗？没有一点牺牲精神吗？我们绝不是这样，我们是受了马克思主义深刻训练的，他早已告诉了我们："资产阶级已将家庭的面帕扯碎了，家庭关系变成了单纯的金钱关系，儿女的深情早已在利害计较的冰水中淹死了。"

在私有制未打破以前，一切关系都是经济的关系，我们虽有恋爱的关系，但是脱离不掉这个刻薄寡情的现实社会的影响……思前想后，除了我们努力革命以外，再没有别的出路，把一切旧势力铲除，建设我们的新社会，到那时候，才能实现我们真正的恋爱，才不是单纯的经济关系。

最亲爱的妹妹，你不要畏难吧！十八层地狱下的中国，今日也得见光明了，眼看帝国主义军阀及一切反动势力都快要到坟墓里去，一钱不值的我们也要做起天下的主人。努力！努力！前进！前进！我们的目的地就要达到啊！

一九二九年五月二十九日

陈毅安担任了打破敌人对井冈山实行第三次"会剿"的留守红五军的参谋长，在井冈山下的遂川境内的一场战斗中，子弹打穿了右腿，党组织秘密把他送回湖南湘阴老家养伤。

1930年8月，红三军团攻打长沙时，陈毅安归队参加攻打长沙战斗。陈毅安担任的是红八军第一纵队纵队长，在长沙城外的经武门阻击战中，陈毅安指挥战斗，腰部连中四弹，光荣牺牲。一年之后，妻子李志强意外收到丈夫陈毅安的来信，她的心都碎了，因为陈毅安生前来信告诉过她："如若我哪天牺牲了，我的战友就会给你寄回无字信，你就不要等我了，可以另嫁他人。"

7年后的1937年10月1日，李志强收到了延安八路军副总司令彭德怀的来信。

志强先生台鉴：

毅安同志为革命奔走，数著功绩，不幸在一九三〇年已阵亡，为民族解放一大损失。

当日寇大举进攻，民族危机日益严重的今日，只有继续毅安烈士精神，坚决奋斗，完成其未竟之遗志。尚望珍重康健。

彭德怀
一九三七年十月一日

彭德怀给陈毅安的题词是：
"生为人民生的伟大，死于革命死得光荣。"
陈毅安用信仰点亮了人生，定格在25岁的青春引无数后来人景仰。

80 胡少海：在红军队伍中淬炼成金

红军队伍是一座熔炉，每一个战士都在这里淬炼成金，在这支伟大的队伍里，也有不少出身地主资产阶级的子女，他们选择了决裂，舍富裕选贫穷、舍优越选艰苦、舍小家选大家，在共产党领导的革命队伍里，一个个历练成了坚定的共产主义信仰者。

胡少海，出生于湖南省宜章县，父亲胡泮藻是当地鼎鼎有名的土豪劣绅，勾结反动政府、巧取豪夺、剥削乡人。胡少海参加红军后逐渐清醒地认识到自己家庭"自己家里不作田，一年收入400多担稻谷，穷人帮家里送上门、挑进仓"。

1925年胡少海考进了程潜在广东韶关举办的讲武堂，常常聆听周恩来、林伯渠等共产党人的讲演。毕业后，胡少海在程潜部下当营长，林伯渠是胡少海所在的第六军党代表，他有更多机会直接接触到林伯渠的教育引导。在一次外出执行任务时，胡少海联络了部分湖南籍士兵，脱离了程潜所部第六军，进入了湘粤边界的乐昌县打游击。

1927年12月，朱德、陈毅率南昌起义余部在广东饶平茂芝召开会议，后来到了乐昌，之后进入湘南。正是在乐昌，胡少海在乳源县的杨家寨时率领手下几十人投奔了朱德部队。

胡少海彻底决裂地主阶级的革命历史事件是"智取宜章"。

当时朱德部队进入宜章，意在宜章组织农民暴动，而打宜章县城是一个步骤。正好朱德知道了胡少海的身世，让他继续以"胡五少爷"的身

胡少海（画像）

份，打着国民党第十六军一四〇团的旗号，以保护宜章治安的借口顺利地进入宜章县城。县长杨孝斌率 20 多个地主官绅宴请"胡五少爷"，被朱德摔杯为号，胡少海等人一举拿下反动县长杨孝斌和在场豪绅，同时打下了县政府、警察局、团防局。宜章解放拉开了湘南起义的序幕。当时唤起了100 多万湘南农民投入暴动，附近永兴、资兴、安仁、郴县也先后成立了苏维埃政府。

朱德在新中国成立后有一段回忆：湘南暴动以宜章暴动拉开序幕，打的最大的一场战斗叫坪石战斗，缴获枪支 1000 多支，我们部队就靠那场战斗起来的。

胡少海是朱德智取宜章的得力助手。

在宜章，朱德成立了工农革命军第一师，胡少海任第三团团长。朱毛会师后，胡少海任二十九团团长。二十九团在团长胡少海指挥下参加了井冈山斗争时期的五斗江战斗、七溪岭战斗。1930 年 7 月，胡少海任红一军团第二十一军军长，在闽西漳平战斗中光荣牺牲，年仅 32 岁。

五 人民英雄

81 朱云卿：不可多得的军事干部

井冈山斗争时期的黄洋界保卫战，主要是朱云卿指挥的。

朱云卿，1907年出生于广东梅城的一个贫苦市民家庭。12岁考入梅县第一高等小学，毕业后，随叔父到印度尼西亚做工，1924年，得到黄埔军校招生的消息，立即回国报考了黄埔军校被编入第三期步兵科。在黄埔军校期间，受到周恩来、瞿秋白等共产党人的教育和熏陶，在1925年加入了中国共产党。

1926年1月，朱云卿在广东省农民协会军事部工作。10月上旬，朱云卿受党组织委派到韶关，任中共北江特委委员，创办了北江农军学校。

1927年9月，朱云卿参加了毛泽东领导的秋收起义。从此，在毛泽东直接领导下任军事指挥员。朱毛会师后，朱云卿任红四军三十一团团长。三十一团是毛泽东随队指挥战斗最多的一个团。

第一次真正体现朱云卿军事指挥才能的是朱云卿指挥的1928年8月30日的黄洋界保卫战，此战被毛泽东誉为"边界名战"。

黄洋界保卫战，朱云卿指挥的是三十一团一营，其实只有两个连。每支枪支只有5发子弹，而敌人是4个团的兵力，还配备了机枪和迫击炮。但朱云卿打的是"全民战"。他说："只要我们大小五井（井冈山的五个村庄）的全体军民团结一致，利用有利地势，顽强战斗，就有把握战胜敌人。"

朱云卿详细地部署了作战安排：以一连、二连和地方武装守卫黄洋界，

朱云卿

其中一个连守卫哨口两侧工事,一个排守卫哨口北侧的工事,山顶瞭望口布置两个排,作为预备队。大小五井赤卫队等隐蔽在附近山头,协助红军作战。筑起了五道防线:竹钉阵、竹篱笆障碍、壕沟、滚木礌石、射击掩体。

战斗打退了湘敌一次次的进攻,关键时刻奇迹出现了:连长谭希同、班长刘荣辉、赤卫队长贺敏学从茨坪枪械修理所抬上来了一门刚刚修好的迫击炮,连放三炮,最后一炮打到敌人在腰子坑的前沿指挥所,敌人误以为红军主力返回,顿时大乱,连夜仓皇而逃。

毛泽东称黄洋界保卫战为边界名战之一。

1930年6月,中国工农红军第一军团在长汀成立,毛泽东任政委,朱德任总指挥,朱云卿任参谋长。在这期间,朱云卿根据毛泽东、朱德的战略意图,主持起草战役战斗计划,并组织实施,积极为毛泽东、朱德当好参谋,成为他们的得力助手。

朱德在延安时为朱云卿写了传略:红一军团成立时,他任一军团参谋长,红一方面军成立时他任方面军参谋长,在打破1930年12月30日第一次"围剿"时,他的计划、布置都很好,活捉了张辉瓒,他是有功的一个。1931年5月,第二次"围剿"开始的第一天,他临时大病,我深感不安,又不得不送他入后方医院,哪知道他深信的陈紫丰任医院院长,已投AB团。1931年5月,在医院被刺,死时年仅24岁,诚中国有用人才,我党不可多得的军事干部。毒辣的敌人阴谋竟将其断送了。

82 张子清：红军中的"关云长"

张子清，1902年4月出生于湖南省益阳市桃江县的一户爱国军人家庭，10岁入读长沙陆军芝芳小学。1920年张子清在湖南讲武堂毕业后，任岳阳镇守使公署上尉副官，参加了反对军阀赵恒惕的斗争，1925年加入中国共产党。

历史风云动荡，张子清也辗转于爆发革命最激烈的地方。就在1926年，他进入了广州农民运动讲习所，在这里张子清见到了青年毛泽东。应该说，张子清短暂的青春却迸发了炽热的革命能量，成为井冈山斗争时期的名将之一，他的成长与追随在毛泽东身边分不开。

今天愈来愈多的党史学家研究了毛泽东秋收起义的队伍组成来源，当时第二方面军总指挥部武汉警卫团这支力量是秋收起义的主力，也应该是构成后来井冈山三湾改编后工农革命军的重要力量。很多来自这个警卫团的知识分子、军校毕业生，例如卢德铭、伍中豪、宛希先、张子清等英杰都来自这支队伍。

从史料上来看，共产党早就掌握了这支队伍，所以这支队伍也就成了秋收起义的骨干力量。

张子清在随毛泽东上井冈山之后的三湾改编时，是当时缩编后"2个营7个连"中的三营营长，毛泽东在三营组织活动最多。朱毛会师后，张子清被任命为第十一师师长，因重伤在身，由毛泽东兼任十一师师长。可见，张子清是深受党组织信任的。

张子清

1927年10月22日,毛泽东历经了一场"大汾劫难",这恐怕是毛泽东革命生涯最为落魄的一次战斗,被遂川地主团丁肖家璧部400余人袭击,三营被打散,营长张子清和毛泽东联系不上,张子清在部队被打散后率部分人马进入了湖南桂东境内,在桂东山打了一段时间的游击。12月下旬,张子清在桂东鹅形一带和朱德、陈毅一部联络上了,得知茶陵一带有工农革命军活动,毅然向朱德、陈毅辞行,回到了茶陵,找到了毛泽东。

当时毛泽东得知朱德、陈毅部队正在向井冈山方向转移,派了三支队伍去迎接。首先派王佐的二团去湖南耒阳一带接应湘南农军;第二,毛泽东亲率张子清的一团到桂东、资兴一带迎接朱德、陈毅部队;第三,又派毛泽覃到安仁、郴县一带寻找朱德、陈毅部队。在井冈山下沔渡一带接龙桥阻击战中,战斗从中午打到傍晚,打退了敌人十多次进攻,只得退回茶陵,但张子清腿部和左脚踝骨中弹负伤,毛泽东指挥战士用担架把张子清抬回了井冈山。

曾志曾回忆:当时山上医疗条件非常艰苦,连消毒用的碘片都没有,

五　人民英雄

用竹签代替手术的镊子。两次手术，张子清左脚踝骨里的子弹都未能取出，主刀的医生叫王云霖，只好告诉张子清无法取出弹片，以至于张子清伤口化脓感染肿到小肚子上，王云霖多次为张子清刮骨疗伤。毛泽东、朱德劝张子清化妆去长沙治伤。张子清说自己湖南益阳口音很重，难以躲过封锁关卡的盘查，坚持在小井红军医院治伤养伤。

当时，医院为了张子清配备了食盐洗伤口，但张子清坚持把自己的那份洗伤口的食盐节省下来送给其他伤员，一时在医院传为佳话，毛泽东赞喻：张子清是红军中的关云长。

在当时缺医少药残酷的革命战争岁月里，无法挽留这样一位身受重伤的红军指挥员张子清。1929年1月11日，红四军成立后，毛泽东考虑到张子清重伤在身，需留在井冈山上治伤养伤，张子清仍被党组织任命为五军参谋长，协助彭德怀守井冈山。据史料记载，就是这样一位重伤在身的指挥员竟由战士抬着去检查红军哨口守卫准备情况。井冈山失守后，彭德怀命令赤卫队员将张子清转移到九龙山区的永新洞里村蕉林寺里养伤，因伤势越来越重，伤口一次次感染、恶化，张子清就在这林中的一座寺庙里静静地牺牲了。

28岁的张子清，正值青春年少，革命激情似火，最终为井冈山斗争献出了年轻的生命。英雄永垂不朽，今天的井冈山，"张子清献盐"的红色经典故事还在传颂。

83 刘仁堪烈士最后的"血书"

"革命成功万岁"是井冈山斗争时期刘仁堪烈士最后的"血书"。

刘仁堪,1895年出生于江西莲花县一个老中医家庭,少时读过私塾,替人行医的父亲本想让刘仁堪子承父业学中医,没有想到少年时期的刘仁堪越来越有一颗救民济世的激进之心,特别是刘仁堪因父亲逝世,到同族兄弟刘启沛处借谷葬父,不仅遭到拒绝,还受了一顿奚落。他开始认识到剥削阶级唯利是图、六亲不认的本质。

刘仁堪(画像)

1924年,他到长沙码头做搬运工,在长沙工运活动中接受了马克思主义思想。1925年加入了中国共产党。1926年受组织委派,潜回家乡莲花开展革命活动,以教书、行医为掩护,秘密组织农民协会,进行革命宣传。

刘仁堪第一次见到毛泽东,是1927年9月25日。毛泽东率秋收起义部队到达了莲花境内的高滩村,刘仁堪同莲花县党组织负责人朱亦岳、甘明山、贺国庆一起迎接毛泽东的队伍进莲花。

史料上,刘仁堪参加过毛泽东在井冈山时期主持的三个重要会议。一是1927年9月25日的莲花宾兴馆会议,听到了毛泽东引兵上井冈的伟大决策;二是1927年11月初的象山庵会议,聆听了毛泽东主持的永新、莲

五 人民英雄

花、宁冈联席会议，恢复了边界党组织；三是1929年1月4日的柏露会议，领会了毛泽东沉着应对国民党第三次会剿实行"围魏救赵"下赣南的决策。可以说，刘仁堪于1927年9月随毛泽东队伍上井冈山后，多次在毛泽东身边亲受革命教育，历练成长。

1929年1月，何键以18个团的反动势力第三次"会剿"井冈山。刘仁堪率莲花县赤卫大队配合彭德怀的红五军一道坚守井冈山，固守在黄洋界哨口。后因哨口失守，红五军下山，刘仁堪和妻子颜清珍秘密潜回莲花县开展革命活动。5月份的一天，刘仁堪和妻子颜清珍在南村坳背宁家村共产党员宁志昌家里歇脚时，被当地反动劣绅朱协民告密，不幸被捕。

刘仁堪被捕时身份是莲花县委书记，妻子颜清珍是妇运部长。

5月19日，国民党莲花反动县长邹兆衡和反动团总李成荫对于共产党这样的"大官"采取了速捕速斩的残酷手段。

莲花县城南门大洲，正是刘仁堪常常在这里组织群众大会的地方。敌人把它选为了共产党员的"审判"台，其中一个故事，至今仍被无数后人传颂：刘仁堪在刑场对上万围观群众继续进行革命真理的宣传，刘仁堪最后一句话是："工农红军一定会打回来的！"残暴的李成荫叫暴徒用匕首割下刘仁堪的舌头，顿时鲜血淋漓，刘仁堪没有屈服，而是咬紧牙关，忍着剧痛，赤脚用脚趾代替毛笔，蘸地上的鲜血在脚下的台板上写下"革命成功万岁"6个大字，最后壮烈牺牲。

莲花县，在井冈山斗争时期出现过"全县一片红"的革命高潮，全县8个区57个乡都成立了工农兵政府，由一条枪壮大成了220条枪的赤卫大队，莲花写进了井冈山斗争历史，意志如铁的刘仁堪彪炳千秋。

84 陈正人、彭儒夫妇：用意志与牺牲相濡以沫

陈正人是井冈山下的遂川县人，从20岁领导革命开始，这位从江西吉安省立师范走出来的师范生，一路跟随在毛泽东身边历练成长，成了一个职业的革命家。在井冈山斗争时期毛泽东曾任井冈山特委书记，陈正人任特委副书记。毛泽东在赣南苏区时期任苏维埃中央临时政府主席，陈正人是中央执行委员会委员。新中国成立后，陈正人是江西省委第一任书记，后又至中央任建筑工程部部长、农业机械部部长等职。从1927年，陈正人和曾天宇、张世熙、刘光万几个青年领导万安农民暴动开始，至1972年逝世，45年坚定的共产主义理想信念从未动摇，陈正人是从井冈山走出的信仰坚定的井冈之子。

陈正人的妻子彭儒是井冈山斗争时期最后一个逝世的老红军，2010年去世，享年97岁。世纪老人的许多回忆让后人读到了一个真实的陈正人。

彭儒回忆说，自己认识陈正人是1928年8月底。"八月失败"后，毛泽东率部队迎还朱德、陈毅的部队，从桂东回井冈山，再次攻占了遂川县城，而此时的遂川县委书记正是陈正人，彭儒当时16岁，在二十九团担任宣传员，她和一群战士在街上刷标语，陈正人穿着土布衣服，卷起裤腿，打着赤脚向他们打招呼。第二天在天主教堂开会，做报告的又是昨天打招呼的年轻人，而此时，彭儒从别人的谈话中知道了他是遂川县委书记，陈正人对遂川斗争情况的熟悉和对穷人的深切同情，让彭儒内心涌动，她说，"可惜我现在没有布，要是有的话，我就连夜给他做双鞋"。

五 人民英雄

陈正人、彭儒夫妇

彭儒来自于湘南农军，属宜章碕石独立营，1928年1月19日，"碕石暴动"被朱德称之为湘南暴动最大的一场战斗，当时队伍被盛赞为"彭家军"。彭晒、彭暎、彭琦、彭严、彭东明，还有很多位女同志，如彭儒、彭娟、吴仲廉等，共500余人，80条枪。

陈正人由县委书记调到特委副书记，彭儒也从宣传队调到特委做地方工作。井冈山斗争时期成就了一对革命夫妻：陈正人与彭儒。

让人感到真实又可信的是，彭儒在有一天收到陈正人的求爱信后，竟不知怎么回信，后来是贺子珍、吴仲廉几位红军大姐共同为她拟的信件开头。浪漫与纯真，今天后人只能欣赏，无法超越了。

史料关于陈正人在井冈山斗争的记载少之又少，其中有一段史料记载：陈正人请毛泽东修改他草拟的《遂川县工农兵政府施政大纲》，毛泽东看了陈正人的《施政大纲》，将"废除封建聘礼，反对包办婚姻"改成"讨老婆不要钱"，将"大人不准虐待小孩"改成"大人不准打小孩"，言简意赅，通俗易懂，和毛泽东"要让百姓听得懂"的文风一脉相承。

彭儒和陈正人在敌人第三次"围剿"中的艰苦斗争让我们体会到，革命前辈的相濡以沫是战火、是饥饿、是意志、是牺牲。

彭儒回忆：红五军撤向赣南以后，陈正人带着她和特委委员王佐农几个人还有部分赤卫队员，转移至井冈山大山深处的荆竹山。当时是1月份，天寒地冻，彭儒已身怀六甲，荆竹山的党支部书记刘苗找到了一个狩猎的山棚住下来，陈正人捡回一袋被敌人烧坏了的稻谷，大家用石头磨成碎米和野菜一起煮了，度过了20多天，找到了何长工。何长工当时任宁冈县委书记，重新组织了一支赤卫大队，队伍由100多人又发展到1500多人。1929年9月，成立了特委，陈正人任特委常委兼秘书长，逐步恢复了井冈山根据地。

史料记载陈正人与毛泽东直接汇报的还有一件重大历史事件：1930年10月，陈正人在吉安见到了毛泽东，向他报告了袁文才、王佐两个人在永新被杀害了，陈正人回忆毛泽东的第一句话："这两个人杀错了，这是不讲原则。"陈正人在1949年任江西省委书记。见到毛主席聊起井冈山历史，他说，毛主席关于袁文才、王佐事件的看法一直没有变。

彭儒曾经感慨：患难与共，生死相依。踏遍了千山万水，度过了艰苦岁月，迎来了革命的最后岁月。

六

百年追寻

85 从不会打仗到学会打仗

1964年7月9日,毛泽东同参加亚洲经济讨论会的一些国家和地区的代表谈话时说,"有了共产党以后,就进行了革命战争,那也不是我们要打,是帝国主义、国民党要打。一九二一年,中国共产党成立了,我就变成共产党员了。那时候,我们也没有准备打仗。我是一个知识分子,当一个小学教员,也没有学过军事,怎么知道打仗呢?就是由于国民党搞白色恐怖,把工会、农会都打掉了,把五万多共产党员杀了一大批,抓了一大批,我们才拿起枪来,上山打游击。他要打,我就打。这个方法就是从反动派那里学来的。我们就是从蒋介石那里学来的。蒋介石打我,我就打他。他可以打我,难道我就不能打他呀?是什么原因使我到军队中去的?还是帝国主义、蒋介石杀人。像我这样的一个人,从前并不会打仗,甚至连想也没有想到过要打仗,可是帝国主义的走狗强迫我拿起武器。"

毛泽东从不会打仗到学会打仗,到在井冈山时期的"五破围攻固战场",到成功地总结了十六字游击战术。是敌人逼他学打仗,也是实践教会了他打仗。

1927年12月下旬,毛泽东深入连队和指战员一起总结经验和教训:现在敌强我弱,不能用过去的那些战法,更不能硬拼,从前有个山大王,叫朱聋子,同国民党的官兵打了几十年的仗,总结了一条经验,不要会打仗,只要会打圈子。我们改他一句,既要会打圈子,又要会打仗。打圈子是个好办法,强敌来了,先和他转几个圈子,等他晕头转向暴露了弱点以

六 百年追寻

后,就抓准狠打,赚钱就来,蚀本不干,这就是我们的战术。

1928年初,为了对付敌人的第一次"会剿",毛泽东等在遂川召开前委和万安、遂川的县委联席会议,第一次提出十二字诀的游击战术:"敌来我去,敌驻我扰,敌退我追。"后来和朱德一起在一次次的战斗中提炼和总结,形成了十六字诀的游击战术:"敌进我退,敌驻我扰,敌疲我打,敌退我追。"

毛泽东讲的就是,"适应当时情况的带着朴素性质的游击战争基本原则"。

一个"学"字,说出了中国革命的性质,老百姓对旧反动政府的愤怒。其实,毛泽东还说过一个字:"逼。"

延安时期,毛泽东就曾在抗大演讲时提到:《水浒传》里面讲的梁山好汉,都是逼上梁山的。我们现在也是逼的上山打游击。重庆谈判期间,他回击陈立夫:我们上山打游击,是国民党"剿共"逼出来的,是逼上梁山。毛泽东对他们激赏不已:梁山好汉都是些不甘受压榨、敢于反抗的英雄。

毛泽东很喜欢梁山好汉。延安时期,中央党校教务处杨绍萱将《水浒传》中林冲的故事,改编成评剧《逼上梁山》。毛泽东看过此剧后,当夜即给杨绍萱、齐燕铭写信表示感谢并提出殷切希望。毛泽东在信中指出:"历史是人民创造的,但在旧戏舞台上(在一切离开人民的旧文学旧艺术上)人民却成了渣滓,由老爷太太少爷小姐们统治着舞台。"毛泽东进一步指出,"这种历史的颠倒现在由你们再颠倒过来,恢复了历史的本来面目,从此旧剧开了新生面。你们这个开端将是旧剧革命划时代的开端,我想到这一点就十分高兴,希望你们多编多演,蔚成风气,推向全国去"。满纸都是肯定,洋溢着喜悦,毛泽东从《水浒传》中看到的不仅有剧情,还有阶级,还有革命精神。

86 党代表制度不能废除

1927年9月29日,部队在江西莲花翻过九龙山,来到了江西永新三湾村,于是有了历史上的"三湾改编"。

在三湾村,部队停留了三天,为什么在当时那种强敌跟追、立足不稳的时候,毛泽东还要用三天的时间进行部队改编呢?我们都知道,毛泽东是非常善于总结经验和教训的。在这三天里,外部发生了两件事,一是,朱培德在芦溪重挫这支部队以后,认为这支队伍已经是不堪一击,便没再往前追了;二是,在这三天里,"宁汉"战争爆发了,南京的何应钦、李宗仁、白崇禧和武汉的汪精卫、唐生智打起来了,国民党南下变西进。所以毛泽东下决心进行部队改编。

为什么要三湾改编?当年的亲历者,后来的罗荣桓元帅曾经回忆:在这支部队中,虽然有不少党员,但是没有形成坚强的组织核心,很多指挥员都是黄埔军校毕业不久的学生,没有实际战争的锻炼,指挥能力弱,所以这支部队战斗力并不强。

同时,这支部队弥漫着一股严重的失败情绪,1500人又减至不足1000人,官多兵少,枪多人少,"你走不走?""你往哪里走?"这样的问话,成了公开的话题。站在三湾村枫树坪的大枫树下,毛泽东进行了改编前的动员:革命要求自愿,愿走的走,愿留的留。愿走的发5块银圆做路费,愿留的跟我上井冈山。

在永新三湾的"协盛和"杂货铺里,毛泽东主持召开了前委扩大会议。三湾改编有三大结果：一是将一个师缩为一个团，下辖两个营，七个连。二是重要的一个制度诞生了，"支部建在连上"。班有党小组，连有党支部，营团有党委。从此，真正意义上实现了党指挥枪，从而确立了党对军队的绝对领导。三是，毛泽东创造性地实行了一种民主管理制度，叫"士兵委员会"。为什么要实行这样一种制度？罗荣桓一句话道出了其根本原因，"为了扫除军队中的一切不良制度和习气"。因为这支部队很多指挥员是从旧军队争取过来的，打骂士兵、侮辱士兵、官兵不平等，在很大程度上和范围上是存在的。所以，毛泽东果断采取这样一种民主改革的方式方法。

今天，我们回顾这段历史，我们会发现三湾改编的伟大之处至少有二：为如何把农民和旧军人为主的革命军队建设成为新型的无产阶级人民军队积累了成功的经验；同时铸造了军魂，"党指挥枪"，保证了党对军队的绝对领导，奠定了政治建军的基础。

后来，毛泽东在《井冈山的斗争》中这样总结三湾改编："红军所以艰难奋战而不溃散，'支部建在连上'是一个重要原因。"事实证明，哪个连党代表较好，哪个连就较健全，党代表制度不能废除。

在实践中也证明了三湾改编的及时性和重要性，三湾改编的20多天后，井冈山斗争历史上有段"大汾劫难"的事实检验了三湾改编的成效。1927年10月22日，当时毛泽东率领工农革命军的第三营和特务连及团部进入遂川县境内继续游击，发动群众，在遂川县境内一个小乡镇——大汾镇的一片空寂的稻田里，天已渐黑，部队突然遭到遂川发动团总萧家璧（人称"萧屠夫"）率400多名靖卫团丁的突然包围。人地生疏，仓促应战，部队被打散了，毛泽东身边剩下30名战士随行，就在这样的背景下，三营营长张子清、党代表何挺颖率领三营余部转到湖南桂东游击。

12月下旬，他们和朱德、陈毅率领的南昌起义余部联络上了，但是当党代表何挺颖打听到前委书记毛泽东率领的第一营的一个连和团部，正在茶陵县境内打游击，张子清、何挺颖主动向朱德、陈毅辞行，率部回到毛泽东的身边。这两个共产党员指挥员的回来，起到了两个重要的作用：一是，协助毛泽东的第一营打下了茶陵县城，成立了工农兵政府；二是，张子清、何挺颖在返回途中，发现了团长陈皓有投敌叛变之疑，他们俩和宛希先一起及时写信报告了毛泽东，当时毛泽东带了陈伯钧和十几个战士追到茶陵湖口，把部队带回了井冈山，在宁冈龙市沙洲上处决了四个叛徒：团长陈皓、副团长徐庶、参谋长韩昌剑、第一营营长黄子吉。

　　三湾改编确立的"支部建在连上"重要思想，在关键时刻，把工农革命军这支队伍带出了困境。

　　在 2017 年建军 90 周年的庆祝大会上，习近平总书记指出："党对军队绝对领导的根本原则和制度，发端于南昌起义，奠基于三湾改编，定型于古田会议，是人民军队完全区别于一切旧军队的政治特质和根本优势。"党的十九大报告强调建设一支听党指挥、能打胜仗、作风优良的人民军队，是实现"两个一百年"奋斗目标、实现中华民族伟大复兴的战略支撑。

87 团结一切可以团结的力量

三湾改编以后，部队在 1927 年 10 月 3 日到达井冈山下的宁冈古城，晚上，在古城联奎书院，毛泽东主持召开了著名的"古城会议"。

古城会议中心内容是什么？

一是着重讨论在罗霄山脉中段建立根据地的问题。

二是讨论上山即将会遇到两支绿林队伍袁文才和王佐，怎么改造他们的问题。

有人道："我们上千人队伍，袁文才、王佐加起来才一两百条枪，如果冲上山去可以轻易把他们消灭了。"毛泽东有他的考虑：我们要有远见，历史上没有一个人能够把三山五岳的土匪消灭干净。我们工农革命军在此时此地，只能文而不能武。

袁文才，井冈山下宁冈县茅坪乡马源村人，早年在江西永新禾川中学读书，读书期间他结识了共产党员刘真、贺敏学。贺敏学即贺子珍的哥哥，1927 年 4 月贺敏学被捕，关在永新县监狱，是袁文才带了自己的农民自卫队打下了永新，救出贺敏学。贺敏学，新中国成立后被毛泽东冠以"三个第一"，即武装暴动第一、上井冈第一、渡长江第一。

袁文才从禾川中学辍学回家以后，和当时宁冈半冈山的土匪老大胡亚春有过密的交往，被宁冈反动政府抓了把柄，于是反动政府抄了他的家，杀了他的老母亲，甚至刚刚过门的貌美妻子，也被当地大土豪谢冠南的儿子所霸占，袁文才家破人亡，一气之下，上山跟胡亚春去了。当事人回

袁文才雕塑

忆，袁文才有点文化，又有谋略，从最小的司书做起，再至参谋长，最后自己掌控了这支绿林队伍，号称"马刀队"。1926年，他推翻了宁冈县的北洋反动政府，成立了农民自卫军任总指挥。同年11月，加入中国共产党。马日事变后，井冈山边界很多农民协会武装都缴了械，遂川保存了6条枪，莲花保存了1条枪，但井冈山袁文才和王佐都各自保留下了60条枪，不得不说这两个人是有胆略的。

袁文才得知毛泽东秋收起义队伍到三湾，心里纠结：一是毛泽东是不是来"鸠占鹊巢"？二是自己这几百号人马，会不会被秋收起义部队上千人"弱肉强食"？于是赶紧找龙超清、陈慕平开会，陈慕平说："毛泽东是我在武昌农民讲习所学习时的老师，他应该不是你担心的那种人。"

袁文才不放心，于是修书一封。信是龙超清、龙国恩、陈慕平送至协盛和店铺里，交给毛泽东的。寥寥40余字，分明是拒绝毛泽东队伍上山，毛泽东看过信，并没有打消上山念头，反而坚定上山决心，想早一天见到这个有些文化讲点策略的袁文才。

毛泽东和龙超清交流后，促使了龙超清这个宁冈县党组织负责人在毛泽东和袁文才之间架起了"鹊桥"。

于是有了1927年10月6日的毛泽东、袁文才"大仓会见"，历史上记载："大仓会见"本是一出袁文才预设的"鸿门宴"，却让毛泽东的智慧演变成了"同心宴"。

袁文才自然是有防备之心的,他叫手下20多个快枪手埋伏在见面地点大苍村一个大富人家林凤和家的祠堂附近,但是那天上午毛泽东只来了7个人5匹马,并没有重枪重炮,也没有大队人马,袁文才心中第一块石头落地。之后一个上午的交谈,毛泽东的宽广胸怀,谈笑风生,晓之以理,动之以情,让袁文才完全打消了自己的顾虑。

会见从上午十点到太阳落山,袁文才称毛泽东"你是中央才",划了一个圆满的句号。

当时袁文才送给毛泽东1000块大洋,其中200块自带,300块从马源村钟姓人家借的,会见交流让袁文才对毛泽东深感佩服,临时向林凤和家再借500块,凑了1000块大洋送给毛泽东,毛泽东决定回赠他100条枪。当时当地,枪就是命根子。

袁文才承诺:工农革命军的粮食和伤病员的安置都包在我身上。

10月7日,毛泽东率工农革命军,兵分两队至茅坪。据袁文才遗孀谢梅香老人回忆,为了迎接毛委员进驻茅坪,袁文才买了2头大肥猪,8张砻彻夜砻谷,18杆抬铳齐鸣,又为毛委员准备客家规矩"三新"——新轿子、新衣裳、新布鞋。但是她记得清楚,毛委员只穿了那双新布鞋走新路来到茅坪"安家"。

"安家"是个什么概念?就是工农革命军在茅坪从此设了后方留守处,有了后方医院,这就是"根据地"雏形。

毛泽东在茅坪住哪里?八角楼,是当地一个叫谢池香的老表家里。

1927年10月24日,这天王佐见到了毛泽东。王佐是井冈山下庄村人,早年做了裁缝,常常给井冈山上的绿林头目朱聋子做衣服,朱见他有胆识,便邀他做自己的"水客",即充当向导,带领队伍去打劫富豪。后来,他干脆上山投奔了朱聋子。王佐与老大朱聋子关系密切,也招致队伍中一些人的妒忌,不久,这支绿林队伍内讧,王佐差点被队伍中一个叫李

王佐雕塑

斋脑的人杀害，无奈逃出，投奔袁文才，因同年出生，结为"老庚"。在袁文才帮助下王佐平息了内乱，回去做了老大。从此，俩老庚分别掌控两支绿林队伍，一支在山下半冈山，一支在山上井冈山，互为犄角，遥相呼应，专抢地主豪绅，成为当地的绿林英雄。

他们提出了"劫富济贫"的口号，在那时实不简单，不同于一般的啸聚山林的土匪绿林。

10月24日，毛泽东从井冈山和湖南交界的荆竹山下山进入王佐地盘大井，在下山之前，第一次提出了"三大纪律"。毛泽东等深知，没有铁的纪律，是不会受到王佐队伍欢迎的，他站在荆竹山的雷打石处宣布：一、行动听指挥；二、不拿群众一个红薯；三、打土豪要归公。事情方方面面那么多，为什么单从一个红薯要求，因为几天前一个叫黄永胜的小战士累了渴了，在老表地里挖了一个红薯吃了，挨了批评。后来在1928年2月，湖南桂东时，毛泽东将"不拿老百姓一个红薯"改成了"不拿老百姓一针一线"。

1928年1月，打下江西遂川县城，毛泽东补充了"六项注意"：一、上门板；二、捆铺草；三、说话和气；四、买卖公平；五、借东西要还；六、损坏东西要赔。

就是这样，人民军队的"三大纪律六项注意"在井冈山斗争时期的几个小山村诞生。

当年，王佐在大井迎接毛泽东的地方，今天叫"大井毛泽东旧居"。当天王佐送工农革命军500担谷子，足见他的诚意，因为90多年前的井冈山，是"人口不满两千，产谷不过万担"的穷地方，毛泽东回赠王佐70条枪。

3天之后，即10月27日，毛泽东率工农革命军200多人，到达了井冈山的中心——茨坪，当时这里是王佐的"司令部"。

从此，历史也定格在10月27日，这是井冈山农村革命根据地创建的具体时间。

从9月9日至10月27日，历时49天，在这49天里，毛泽东带领的革命队伍可以说是一路探索，一路选择。

革命者不怕牺牲，不怕困难，为共产主义理想信念奋斗的初心和使命，在49天寻路历程中体现得淋漓尽致。

1928年2月，在井冈山下大陇朱家祠，毛泽东将袁文才、王佐两支队伍升编，合编中国工农革命军第一军第一师第二团，团长袁文才、副团长王佐、党代表何长工。

88 伟大的握手

毛泽东领导的秋收起义革命队伍在井冈山站稳了脚跟,另一支革命洪流也在涌向井冈山。

1927年8月1日,南昌起义爆发,共产党人打响了武装反抗国民党反动派的第一枪。8月3日为了保存革命力量,起义部队主动撤出南昌城,南下潮汕。

至长汀,起义最高指挥机关前敌委员会决定分兵:主力由周恩来、叶挺、贺龙、刘伯承率领,周恩来、叶挺继续南下,朱德率领第九军和第十一军第二十五师3000人在三河坝阻击国民党钱大钧部3师10个团共2万多人的追击。

开国大将粟裕曾这样回忆:三河坝阻击战打了三天三夜,一颗子弹从我右耳上侧穿进,我嗡的一声倒在一个小水塘里,醒来后,部队也不见了,我第一个念头就是找队伍去。

其实,当时朱德为了保存革命实力,主动撤出三河坝,南下找主力汇合,部队行至广东饶平,遇到从潮汕退下来的二十军教导团参谋长周邦采,带回200余人,因主力部队被打散,周恩来、聂荣臻、叶挺也转移到香港等地开展地下组织活动。

残酷的现实像冬天里的一盆冷水,浇在每个将士心头。

责任与担当摆在了朱德等人面前,在饶平茂芝全德学校的一个破旧教

六 百年追寻

室里,朱德主持了历史上著名的"茂芝会议"。

朱德坚定表示:我是共产党员,我有责任保留南昌起义的火种,有决心担起革命的重担,有信心把你们带出敌人的包围圈。他果断地确定了12个字的行动方针:隐蔽北上,穿山西进,直奔湘南。

就这样,朱德、陈毅带领这支南昌起义余部进入湘粤赣边境,但危险与困难依然无法摆脱,没有粮食、弹药、药品这些还不足挂齿,最大困难是这支部队和毛泽东秋收起义部队行进至永新三湾时面临同样的困境:逃跑,脱队,甚至整班整排地走了,一些信念不坚定的营长、团长也走了。史料记载:师以上干部只剩朱德,团以上干部只剩七十四团参谋长王尔琢、七十三团指导员陈毅。

转折点在江西安远县的天心圩,这支部队到达安远已是10月底,粟裕回忆,将士们还穿着南昌起义时的中短裤、单衣。脚上的草鞋都走烂了,光着脚板。

失败情绪前所未有。

将士们说得最多的一句话是:"不要干了,散伙吧!"责任和担当再次摆在朱德等人面前。于是有了天心圩整顿。

朱德站在台阶上,声音粗哑却震人耳膜。他指出:我们现在的革命,就相当于俄国1905年的俄国革命,俄国革命在1905年失败了,但黑暗遮不住光明,最后在1917年不是胜利了吗?现在只要我们保存火种,保存实力,革命也能成功。

陈毅在天心圩时职位并不是很高,仅仅是团指导员,但他坚定的信念如闪电划破天空。他强调:我们南昌起义失败,不等于中国革命的失败,一个革命志士要经得起失败的考验,才是真正的英雄,就让我们做一回失败时的英雄吧!

沧海横流方显英雄本色,这就是历史上著名的"天心圩整顿",它和稍后的"大余整编""上堡整训"一起被称为"赣南三整"。整思想、整纪律、整技术，这支部队有了些生气。但接下来摆在队伍面前的最大困难是粮食问题。

朱德想到云南讲武堂的同班同学范石生，他时任国民党十六军军长，就在广东与湖南交界的汝城一带。朱德密信一封，说清了自己的原则：我是共产党员，组织上要独立，政治上要自主，军事上要自由。范石生同意"合作"，拨给朱德部队一个月军饷，又配置一定数量的枪支、弹药、服装等。

事情惊动蒋介石，蒋介石电令广东军阀李济深转告范石生"就地解决朱德部队"。聪明的范石生只好冒雨把朱德部队"送"出自己的地盘。就这样，朱德、陈毅率领南昌起义的余部进入了湘南。1928年1月11日，智取宜章，拉开了"湘南起义"的序幕，湘南人民群众100多万人投入了轰轰烈烈的湘南暴动，在起义中永兴、资兴、耒阳、安仁、郴县、桂阳等10余县先后成立了苏维埃政府。

朱德回忆：湘南暴动打的最大一仗是坪石战斗，俘敌1000余人，缴获枪支1000余支，我们的军队起来就靠那一仗。

当时，湘敌9个师正向朱德部队扑来。面对这样的严重局势，湘南特委却滋生了强烈的复仇情绪和小资产阶级急性病，要实行"坚壁清野""焦土政策"，烧毁了湘粤大道两旁方圆30里的民房，甚至把井都填平了，理由竟是"不让后面的国民党追兵有立足之地"。损害了老百姓利益，损害了党的威信，群众会拥护吗？所以当时这种做法引起了不少地方中间分子反水，挂白旗，反对工农革命军，困境像大山一样压来。

1928年3月下旬，毛泽覃向朱德汇报毛泽东部已进入湖南，准备策应湘南暴动部队的行动。3月29日，朱德正式下达命令向井冈山战略转移。

面对不可预测的历史，朱德凭借的是什么？是理想信念。这种坚不

六　百年追寻

可摧的理想信念最终化成了朱德深刻敏锐的历史自觉。

有人说，朱德同志闪亮的革命生涯，就是从南昌起义后保存了这支队伍开始，从某个角度说不无道理，陈毅同志回忆：南昌起义时朱德同志的地位并不高，只是大家尊重他是个老同志。

但是朱德不光有理想信念，还有的是共产党人的责任和担当，他带出了南昌起义这支队伍，保存了有生力量，你知道这支队伍里都有谁吗？陈毅、林彪、粟裕、杨得志、邓华、陈士榘等等。蒋介石做梦都没有想到，被他逼上井冈山的秋收起义队伍和南昌起义队伍，汇成洪流，22年后，百万雄师过大江，成了蒋介石真正的掘墓人。

人的一生虽然漫长，但关键时刻却只有那么几步，个人也好，集体也好，甚至一个社会、政党也好，在关键时刻做出正确选择、准确判断，甚至付诸行动，这就是凤凰涅槃、浴火重生，这也是有些人之所以成功的必备条件，这也是历史上那些投机取巧、见利忘义、见风使舵的人无法企及的。

毛泽东始终在关注朱德、陈毅的这支南昌起义队伍，朱毛双方都派出了联络员，毛泽东派出了何长工去广东韶关一带打听，朱德派出了毛泽覃，即毛泽东弟弟。毛泽覃由陈伯钧在宁冈与茶陵交界的坑口接上了井冈山。

毛泽东得知朱德、陈毅的南昌起义部队余部，正在向井冈山方向撤退会合，于是派出了三支队伍去迎接。

第一支队伍是毛泽东亲自率领的第一团在桂东汝城一带阻击国民党追兵，团长张子清就是在这场接龙桥阻击战中，被敌人子弹打中右脚踝骨，伤势严重，毛泽东叫士兵把他用担架抬回井冈山。很可惜的是后来伤口化脓感染，张子清牺牲，留下了"师长献盐"的红色经典。

第二支队伍是派何长工、袁文才率领的工农革命军第二团进资兴，接应从郴县撤出的湘南农军,这支队伍人数在井冈山斗争时期上山的最多,约8000人。井冈山斗争时期山上的革命力量来自于6支队伍:毛泽东的秋收起义队伍,朱德和陈毅的南昌起义队伍,彭德怀、滕代远的平江起义队伍,湘南暴动的湘南农军,地方上袁文才、王佐绿林武装,国民党投诚毕占云、张威队伍。但是没有哪支队伍有湘南农军那么多人,萧克、黄克诚就是来自这支队伍。

第三支队伍是派毛泽覃带特务连到耒阳去迎接朱德、陈毅主力队伍。

1928年4月28日,在井冈山下的龙江书院,朱德、毛泽东伟大的握手,为中国革命翻开了崭新的一页。

两军会师后,合编为中国工农革命军第四军,下辖三师九团。为什么称"第四军"?粟裕有回忆:纪念北伐时期的国民革命军四军,同时有迷惑敌人之意。什么时候有"红军"这个响亮的称谓?1928年5月25日,

朱毛会师广场

中央来了个文件叫《51号通告》,指示"你们的部队可以命名为红军",同年6月4日,中央给前委来了一封信,也指示"命名为红军"。

今天我们怎样用新的视野去回顾这段历史?朱毛会师的伟大壮举,举起了中国革命低潮中坚持斗争、鲜艳夺目的大旗,朱毛会师后的各次军事胜利,拓宽了"以宁冈为中心"的工农武装割据胜利发展的空间,朱毛会师后建立的红色劲旅,奠定了中国工农红军从小到大、从弱到强的发展壮大的根基。

朱德在新中国成立后,于1957年写下了"革命雄师会井冈,集中力量更坚强。红军领导提高后,五破围攻固战场"的壮丽诗篇。

从五斗江战斗、草市坳战斗、永新困敌、龙源口大捷,直至家喻户晓的黄洋界保卫战,边界红旗帜越打越红。

朱毛会师以后,毛泽东在边界实行了"七大政策"即:对敌作战;土地革命;建立地方党组织;湖南取守势,江西取攻势;大力经营永新;反对分兵;波浪式推进政策。由此,"割据地区一天一天扩大,土地革命一天一天深入,民众政权一天一天推广,红军和赤卫大队一天一天扩大",使边界进入全盛时期。

89　道路从来都是曲折的

中国共产党从来都是实事求是，光明磊落，关键是善于在失败中求教训，在成功中找经验。

1928年6月30日，湖南省委特派省委巡视员杜修经来到边界，他带来了两封信，一封是给红四军军委，一封是给湘赣边界特委。

信的内容决定了后果。"红军主力立即向湘南发展，留下200条枪保卫边界"，而且要"毫不犹豫地立即执行"。看过信后毛泽东第一反应是：要召开会议研究后决定。因为他后来回忆：湖南省委对此间的行动计划，曾三改主张，第一次袁德生来，赞成在罗霄山脉中段取得政权计划；第二次，杜修经来主张向湘南发展；第三次又派袁德生来，又主张向湘东去。

所以，当时毛泽东不同意立即执行湖南省委这个指示，于6月30日晚上，在永新禾河边上的一幢旧式商会老楼里，主持了"永新联席会议"。

毛泽东在会上陈述了六大理由不能去湘南。大致为：湖南的敌人太强大了，只是军阀统治阶级之间暂时的稳定，我们冒进湘南，很有可能全军覆灭，就像虎落平阳。井冈山地势险要，即使敌人来攻，我们也有胜利的把握。

毛泽东的建议得到了大家的支持。决定是：不执行湖南省委指示，红四军继续留在边界，建立巩固的根据地。

7月4日，毛泽东以红四军军委和湘赣边界特委的名义向湖南省委写

六 百年追寻

了一封信，建议湖南省委收回成命，红四军不去湘南。

这是一个下级公然抵制上级省委决定的报告，在党内尚属首次。这需要多大的政治勇气和责任担当，但实事求是才是属于共产党人的风格。

7月7日，如毛泽东所料，敌情发生重大变故，湘敌吴尚2个师从茶陵、酃县侵入宁冈。红四军军委当即决定：三十一团在永新阻击吉安方向来敌；三十二团在宁冈一带阻击来敌；二十八团、二十九团攻克酃县，成功后火速赶回永新支援。

就这样朱德、陈毅率二十八团、二十九团回永新。

7月12日，部队行至酃县，二十九团士兵都吵着要回湘南，再次有人借口湖南省委的指示信，私下召开士兵委员会，决定开往湖南。连向导都私下找好了，定好了出发时间。其实，事出有因，关键是二十九团这支队伍很多人是湘南农民，都存在思乡情绪、小农意识。

事情最后争执到在沔渡召开军委扩大会议，朱德、陈毅本想着借着会议再做二十九团官兵工作，但没有想到这个湖南省委巡视员杜修经不但不出面，反而怂恿二十九团应该回湖南。

后来，在井冈山斗争中，毛泽东用了四个字批评杜修经的错误："导扬其焰"。

其实当时杜修经是飞马回到宁冈想见毛泽东，但毛泽东在永新，他只见到杨开明，杨是边界特委书记。

"既然你们决定了，那就走吧，老毛那里，我跟他说。"杨开明太轻率。

结果，二十九团于7月17日开往湖南。

7月24日，攻打郴州，结果是二十九团几乎全团溃败、覆灭，番号从此不在。

后来萧克回忆：攻打郴州其是先胜后败，很快打进郴州，是因为驻守郴州是范石生的部下国民党第十六军四十六师师长张浩，认为红军是做个样子，缘于朱德和范石生的老关系。但是红军攻入郴州，不少人私自离开战斗岗位，上街理发、吃东西。

纪律涣散注定了失败。

傍晚敌人返包，二十九团只剩下萧克带回一个连，六七十人，八九十条枪。团长胡少海带回一二十个通讯员和特务连少许勤务人员。

二十九团的溃败又助长了二十八团失败情绪的蔓延，二十八团返回井冈山途中，来到崇义时，袁崇全叛变，这个二营营长带了6个连欲投奔赣南国民党独立七师刘士毅。

在风口浪尖也总有人能经得住考验。

他们是何笃才、赵尔陆、粟裕，发现情况不对，巧妙带回4个连。

党性在他们的身上闪光。

于是有了英雄王尔琢主动请缨带二十八团一营前去追击袁崇全。

在崇义县思顺圩旧祠堂，王尔琢倒在叛徒袁崇全的枪口之下，因为轻信了自己的老乡、同学和战友。

毛泽东痛失爱将王尔琢，亲自写了挽联："一哭尔琢，二哭尔琢，尔琢今永矣，留却重任谁承受；生为阶级，死为阶级，阶级后如何，得到胜利方始休。"

陈毅悲痛表示：这是红军"一大损失"。朱德痛心地兼了二十八团团长，直至年底，毛泽东建议林彪担任二十八团团长。

"八月失败"，红军主力去湖南，边界兵力空虚，老百姓受到极大损失。

据老红军苏兰春回忆："八月失败"，宁冈县被杀人数942人，坐牢229人，随军外出113人，阵亡117人。

夜半三更盼天明，寒冬腊月盼红军。井冈山人民是这样一种对红军和毛泽东回来的期盼。

半个世纪后，当年的关键人物杜修经，在《八月失败》一文中写下了他的忏悔之言:"正当革命胜利向前发展的时候,我却破坏了这一事业,造成了井冈山斗争的'八月失败',使年轻的红军损失一半,边界政权尽失,被杀之人、被焚之屋,难以数计,几毁中国革命的根基,其错误是非常严重的!半个多世纪的今天,在人民革命战争胜利的凯歌声中,重忆'八月失败'的经过及其先后,我仍是内疚之深,寝食难安!"

历史是最好的教科书,历史也是最好的清醒剂。

读历史,贵反思:愈是在复杂的政治环境中,党员、干部,愈是要保持自己的清醒的政治头脑,否则,就会给个人、国家、民族事业造成不可估量的损失。

90 围魏救赵

1929年1月，井冈山遭受了一场百年未见的大雪，之后连续40多天未见一丝阳光。比这场雨雪更为残酷的是蒋介石发动了第三次"会剿"。

新任"会剿"总指挥是何键。他纠集敌军18个团，总兵力达32000余人，杀向井冈山。大敌当前，黑雾弥漫，湘赣边界杀气腾腾，怎么对付敌人这次"会剿"？在"柏露会议"上，毛泽东和前委的决策是4个字："围魏救赵"。彭德怀在《彭德怀自述》中回忆：我和代远同志主动要求留守井冈山。共多少人？800多人，即红五军和红四军的三十二团。毛泽东、朱德、陈毅率红四军主力3600余人兵分两队下山出击赣南，解井冈山之围。

历史注定这是对彭德怀、滕代远等红军将士信仰和生死的考验。

这段历史我们一定要记住红五军。也一定要记住李灿、贺国中、彭包才等等这些著名的指挥员。

彭包才是八面山哨口的指挥员，哨口被敌军突破，近100多名红军和赤卫战士全部壮烈牺牲。

贺国中是桐木岭哨口的指挥员，激战4天4夜，哨口被敌军突破。

李灿是黄洋界哨口的指挥员，数百人牺牲。

我们也一定要记住一个历史反面人物——陈开恩，他带领敌军700名所谓的"敢死队"抄黄洋界脚下的一条小路直插小井。天险黄洋界失守，小井红军医院100余名重伤病员全部被敌人机枪扫射牺牲在稻田里，鲜血染红了小井河。

六　百年追寻

彭德怀、滕代远随后退往赣南找红四军会合，退往赣南是红五军军委和特委联席紧急会议的决定，历史证明彭德怀等这次指挥坚守井冈山至少有三大贡献：一是主动留守井冈山，牺牲精神不可埋没；二是下山之后打下了国民党占领的瑞金等几个县城，为后来瑞金成为苏区中心扫除了障碍；三是1929年4月，彭德怀又执行毛泽东和前委指示，重新打回井冈山，恢复了根据地。

这段历史还有两个感人的故事：一是彭德怀在《往事回忆》中说："我干粮袋丢了，两天两夜粒米未进。"二是回到井冈山彭德怀给老百姓每人发一块银圆。

"围魏救赵"的策略，历史证明是正确的，宋任穷回忆，红四军下山之后，牵制了敌人刘建绪、李文彬、刘士毅三个师的兵力。

这次战略转移大大减少了井冈山根据地的压力，开辟了闽西根据地，将红色政权扩大到了5万平方公里，打下了21座国民党占领的县城，解放了250万老百姓，有老红军重上井冈之时，曾感慨：毛泽东上山伟大，下山也是伟大的。

"我干粮袋丢了，两天两夜粒米未进。"当年，彭德怀没有说出口，但内心是十分的难忍和痛苦，他是一个急性子，是一个个性特别鲜明的人物，少年时候读过两年私塾，生活所迫，10岁给富农放牛，后来在煤窑打工。18岁入湘军当兵，萌发富国强兵思想。1928年4月，时任国民革命军独立第五师第一团团长的彭德怀，秘密加入中国共产党。同年7月22日，他和滕代远等发动平江起义，成立中国工农红军第五军。在井冈山时，有多少粒米未进的时候，但困难两个字从来就没有从他的口里说出过。身经百战、威武坦荡、谨慎果断、叱咤风云，有小事，有大事，这些感人往事都集中表现了他作为一名优秀的中国共产党领导干部和著名军事家的担当品质。

91 把酒酹滔滔,心潮逐浪高

毛泽东一生写了很多诗词,这些诗词都是中国革命在特定历史时期的时与势的写照。1927年的春天,青年毛泽东独步徘徊于武昌黄鹤楼前,看滔滔江水,瞻千年古楼,此时的他并不是徜徉在千年文化的思考,而是对中国革命的形势极其复杂的忧和虑,这时他写下了《菩萨蛮·黄鹤楼》。

茫茫九派流中国,沉沉一线穿南北。

烟雨莽苍苍,龟蛇锁大江。

黄鹤知何去?剩有游人处。

把酒酹滔滔,心潮逐浪高!

新中国成立后的1958年发表这首词时,毛泽东作了批注:一九二七年,大革命失败的前夕,心情苍凉,一时不知何是好,这是那年的春季。

是什么让青年毛泽东"一时不知如何是好",他又怎么样走出这种"一时不知如何是好"的困境?

他忧虑的是大革命失败前后国内时局的错综复杂,变化不定,他忧虑的是当时党内领袖陈独秀的指示往往与革命现实不合轨,他忧虑的是自己的主张又得不到党内同志所认可。

这种忧虑,青年毛泽东走过了5年,从党的一大到五大。

党的一大以后,青年毛泽东发现了并提出了一个革命的重要主张——农民运动。这种主张,根植于青年毛泽东参加党的一大后任中共湘区委员会书记期间的工作,根植于他对领导全国第一个工农联合革命组织湖南衡

六 百年追寻

山岳北农工会员起始很快发展到一万余人的事实,青年毛泽东总结:湖南工人数量很少,国民党员和中共党员更少,可是满山遍野都是农民,如果中共也注重农民运动,把农民发动起来,也不难形成像广东那样的局面。

青年毛泽东发现了这个真理,并勇于去农村中探索和摸索。

党的三大以后,青年毛泽东到中央局工作,任代理中央组织部部长,和陈独秀、罗章龙等同志常驻中央,后又兼国民党上海执行部秘书和文书科主任。1924年12月,毛泽东因工作过于劳累患病,向中共中央请假,带着妻子杨开慧和儿子毛岸英、毛岸青回到湖南韶山。回到韶山,青年毛泽东开始投身农民运动,办农民夜校、农民协会,发展党员,成立中共韶山党支部,并组织了第一次农民运动:韶山"平粜阻禁"谷米斗争。

毛泽东对农民有着深深的同情,他的心里一直装着农民。

1926年3月,毛泽东任国民党中央农民部主办的农民运动讲习所所长,写出了《国民革命与农民运动》;1927年初,他又到湖南五县的农村作了32天的调查研究,写出了著名的《湖南农民运动考察报告》。

毛泽东总结:农民梭镖队,是新起的农民武装,是使一切土豪劣绅看了打颤的一种新起的武装力量。湖南的革命当局,应使这种武装力量确实普及于75县2000余万农民之中,应使每个青壮年农民手中都有一柄梭镖,而不应该限制它,以为这是可以使人害怕的东西。若被这种梭镖队吓翻了,那真是胆小鬼!只有土豪劣绅看了害怕,革命党决不应该看了害怕。

在党的五大时,南京蒋介石已发动了四一二反革命政变,风雨飘摇的中国革命将往何处走?

武汉汪精卫、唐生智反革命面目也越来越清楚,山雨欲来风满楼。毛泽东的关于农民运动的主张仍不被陈独秀为代表中央和共产国际所理解和采纳,所以,他徘徊于黄鹤楼前,看滔滔江水,心潮澎湃。

但是,毛泽东很快从这种忧虑中走了出来。那就是自己要走在中国革命的最前沿,后来他领导发动了秋收起义,实践了"枪杆子里面出政权"。

92 七提"上山"

秋收起义后,毛泽东等引兵上了井冈山,很多人误读为毛泽东在文家市退兵时果断提出"上山",其实毛泽东"上山"的设想在心中已经酝酿了近三个月,从第一次在湖北武汉的一间旅舍里说"山区的人上山,滨湖的人上船",到在文家市的操场上第七次说"去当山大王":我们这个山大王是红色的"山大王",而不是过去的"山大王",是代表人民利益的工农武装,是共产党领导的,有主义、有政策、有办法的山大王。中国政治不统一,经济发展不平衡,矛盾很多,我们要找敌人统治薄弱的地方。

城市,国民党反动势力虎视眈眈,中国共产党领导的起义一次次遭受挫折,当时很多革命者还努力在马列经典中或苏联经验中企盼,但唯独青年毛泽东把目光转向了"满山遍野的农民",找到了一个亮点:农村。

岂不知道,当时的全国各地反动势力是何等的猖獗。

1927年4月,何键在汉口"清党";5月9日,川军杨森在宜昌通电反共;5月21日,湘军许克祥在长沙捕杀共产党员和革命群众100多人;6月,江西军阀朱培德在南昌戒严,禁止工农运动。

危急关头,毛泽东挺身而出,6月3日,在全国农协的毛泽东一面发出声讨通电,一面又力邀彭湃、方志敏等各省农协召开联席会议。

6月13日,毛泽东和谭延闿、谭平山、邓演达、陆沉以中华全国农民协会临时执行委员会常务委员名义发出训令。揭露湘、鄂、赣三省土豪劣绅、反动军官残杀共产党员、农民、工人,离间军民感情,分裂联合战线，破坏三大政策种种事实。要各级农民协会一致请求国民政府：（一）明令保护工农组织及工人纠察队、农民自卫军，惩办一切屠杀工农，扰乱后方之反动派；（二）肃清湖北各县勾结逆军土匪屠杀农民工人之土豪劣绅以巩固武汉；（三）明令惩办许克祥，解散其救党委员会、清党委员会等反动机关，从速镇压湖南的反革命派，接受湖南请愿代表团之请愿；（四）明令制止江西驱逐共产党及工农领袖之行为，并严惩屠杀民众之反动派。训令还号召各级农民协会要团结农民，严密组织，武装自卫。

6月17日，中共中央政治局常委会在湖北武汉召开第二十四次会议，毛泽东、蔡和森改组了湖南省委。周恩来提出湖南暴动计划，遭共产国际代表罗易反对，但共产党人在6月18日中共中央政治局常委会召开第二十五次会议上再也不顾共产国际代表的意见，同意毛泽东起草的湖南问题的决议：首先在湖南暴动。这个决议，为后来毛泽东"上山"提供了客观上的准备。

6月24日，毛泽东同李立三、郭亮组织从湖南出来到武汉向国民政府请愿的200多人一起开会，毛泽东在一家旅舍里和大家讨论时势第一次提出：长沙站不住，城市站不住，就到农村去，下乡组织农民，要发动群众，恢复工作，山区的人上山，滨湖的人上船，拿起枪杆子进行斗争，武装保卫革命。

同日，中共中央政治局常委会召开第三十一次会议。毛泽东被中央任命为湖南省委书记，随后赴湖南长沙从事恢复党组织工作，不久他又带着柳直荀到衡山组织附近几县的农会、工会、青年团、妇运会的负责人开会。毛泽东再次强调：马日事变是上海事件的继续，随之而来的将有无数个马日事变在全国发生，各县工农武装一律迅速集中，不要分散，要用武力来对付反动军队，以枪杆子对付枪杆子，不要再徘徊观望。

7月4日，毛泽东以中央农委书记和湖南省委书记的身份出席中共中央政治局常委会第三十四次会议。讨论湖南农民协会和农民自卫武装应当如何对付敌人的搜捕和屠杀。毛泽东再次提出：上山，上山可造成军事势力的基础。

7月12日，中共临时中央常务委员会成立，决定紧急疏散，撤离和隐蔽在武汉的党员。当时，中央准备派毛泽东到四川领导农民运动，毛泽东自己请求留在湖南，于是中央委托他留在湖南筹划秋收起义。毛泽东又一次提出："农民武装没有公开存在的可能时，则可以上山。"

8月7日，八七会议召开，毛泽东在会上发表了与众不同的观点，历史记载，他发言次数、发言时间最多，主持会议的瞿秋白对毛泽东评价很高，并热情邀请毛泽东会后到上海中央机关去工作，毛泽东委婉拒绝，他坚定地表示：我不愿去大城市住高楼大厦，愿到农村去，上山结交绿林朋友。

8月9日，毛泽东出席中共中央临时政治局第一次会议，在讨论湖南秋收暴动时指出：湖南省委要组织一个师的武装去广东是很错误的，大家不应只看到一个广东，湖南也是很重要的。湖南民众组织比广东还要广大，所缺的是武装，当前处在暴动时期更需要武装。纵然失败也不用去广东而应上山。

9月20日，秋收起义部队退到文家市里仁学校，毛泽东制止部队去打长沙。毛泽东最后提出：秋收暴动，原计划要去打长沙，大家也都想进长沙，长沙好不好呢？长沙好，可是长沙打不下来，目前长沙那么大的城市，还不是我们蹲的地方，那就不要去了，我们要到敌人管不着或难管的地方去，去发动农民群众，实行土地革命，文家市不是久留的地方，要找个合适的落脚点，去当"山大王"。

"上山"，是毛泽东等建立井冈山革命根据地重要的开端。

93 八角楼的灯光

从井冈山的八角楼到延安杨家岭的窑洞，这些毛泽东住过的地方，也都是毛泽东思想诞生的地方。在中国革命的征程中，毛泽东思想常常酝酿于破旧的农民土屋里、马背上、行军中，即使伟人坐下来把这些思想行于笔端，往往也是夜深人静的时候，通宵达旦地挥毫铸就，战争与时空也注定他只有在一个个夜晚来总结白天的一个个思考。

1927年10月至1928年11月，在这一年里井冈山的斗争惊险太多，曲折太深，但曲折中留下的思索与经验同样重要。在这个时间段里，有"三月失败"与"八月失败"。

曲折中，毛泽东有太多的思考，前进中，毛泽东有太多的总结，在1928年10月他写就了《中国的红色政权为什么能够存在？》，一个月后，毛泽东向中共中央写了详细的报告，也就是《井冈山的斗争》。

毛泽东的著作都是伟大的创造，这两部被誉为中国革命与马列主义基本原理相结合的经典之作、开篇之作，通篇没有引证过马克思、列宁、斯大林著作的一个字、一句话，但整篇都在运用马列主义的观点、方法来分析中国革命的特征，来总结井冈山斗争的教训与经验，总结之独到、分析之透彻，旷古烁今。

中国革命的红色政权为什么能够存在？毛泽东阐述：

一是中国是帝国主义间接统治的经济落后的半殖民地的中国。地方的农业经济（不是统一的资本主义经济）和帝国主义划分势力范围的分裂剥

八角楼毛泽东旧居内景

削政策。因为有了白色政权间的长期的分裂和战争,便给了一种条件,使一小块或若干小块的共产党领导的红色区域,能够在四围白色政权包围的中间发生和坚持下来。

二是中国红色政权首先发生和能够长期存地在的地方,是在1926和1927两年资产阶级民主革命过程中工农兵士群众曾经大大起来过的地方,例如湖南、广东、湖北、江西等省。

三是全国革命形势是向前发展的。

四是相当力量的正式红军的存在,是红色政权存在的必要条件。

五是共产党组织的有力量和它的政策不错误,是一个要紧的必要条件。

毛泽东和他的井冈山斗争的经验又是怎样被全国各地的革命者和共产国际所学习和宣传的呢?是周恩来推荐给大家的;是中共中央的刊物《红旗》《政治通讯》等发表的。周恩来曾提出:井冈山斗争的经验是"最完整,最成熟的经验"。

八角楼的灯光,见证了毛泽东在井冈山斗争时期的日日夜夜,更见证了中国红色政权为什么能够存在和井冈山的斗争。

94 井冈山边界的交通信息何其难

毛泽东上井冈山后，多次写信向湖南、江西省委报告，一是报告在罗霄山脉中段成立红色政权的计划；二是报告在井冈山成立湘赣边界特委，要求两省委指导井冈山斗争的党建和军事工作。

这种历史的客观恰恰说明了毛泽东的组织观念强、党性原则强；也说明了当时的组织系统比较复杂。毛泽东率秋收起义部队上井冈山后，始终在两省交界活动，中共中央规定工农革命军在江西境内的革命活动则为江西省委领导，在湖南境内的革命活动则为湖南省委领导，其间，湖南省委遭敌人破坏后，又属湘南特委领导。"三月失败"是特委错估革命形势，冒进湘南而酿成的，当时的工农革命军的军事、党建需要经任何一方省委同意，才算合法，方可实施。

1928年5月2日，毛泽东以中共工农革命军第四军军委书记的名义在井冈山下的永新曾写信给中共中央报告："两省边界距离仅十余里，两省省委历次管不到手，因同志的努力，党的组织活动都在天天发展中。但自从三月间周鲁同志（湘南特委代表）来到宁冈取消前委后，顿失中心，各自为政，起不良之现象。去年十二月前委会即有建议组织边界特委，湘省委及中央最好另派得力同志来做书记，事实上毛同志任军中工作很难兼职……现于吉安来信后，大家意思把特委组织起来，你认为如何？听兄处明示。组织一定任组织，这以宁冈为中心、罗霄山脉政权之建立，党之强有力，军力去造就实在湘赣两省之革命根据〈地〉之一。此理毛同志等亦已累次呈明在案，由湘南特委转湖南省委转中央。多久未见奉准驳明文，问从安源市委来信中偶有湖南省委已核准的话，但并非省委明示。前两日接吉安县委的信，又有江西省委亦已核定的话，并毛同志任书记的话，仍非省委明示，这等办起来呢？又怕接无谓的骂。"

井冈山边界的交通信息何其难哉。一封中央或两省委的指示信，转到离井冈山最近的安源市委，再派人送上井冈山也需5天行程。

著名烈士邓贞谦就曾经是这条交通线的交通员。

1928年5月，邓贞谦从井冈山返回安源，途经芦溪的南坑，不幸被南坑靖卫团逮捕，旋即被押送到萍乡县城监狱。在狱中，面对敌人的严刑拷打，邓贞谦大义凛然，威武不屈。他估计自己难以活着出去，便对去探监的姐姐说："不要哭，我难于出去了，送点纸、笔、墨来。"在狱中，他用饱满的革命激情，挥笔写下了两副对联："暴动不怕剧烈，牺牲要有价值""坚决执行土地革命，彻底肃清统治阶级"。

95 在艰难困苦中前进

从 1928 年 2 月至 1929 年 1 月,国民党反动力量对井冈山革命根据地实施了四次"进剿"、三次"会剿",每次不断地变换招数,增加人数。红军在反"进剿"或反"会剿"中不断磨砺,不断取胜,可以说是在艰难困苦中前进。

对于此,毛泽东后来在延安的著作《中国革命战争的战略问题》中这样回忆:

十年以来,从游击战争开始的一天起,任何一个独立的红色游击队或红军的周围,任何一个革命根据地的周围,经常遇到的是敌人的"围剿"。敌人把红军看成异物,一出现就想把它捕获。敌人总是跟着红军,而且总是把它围起来。这种形式,过去十年是没有变化的……

第一次"进剿",1928 年 2 月上旬,国民党朱培德用的是驻吉安赣敌杨如轩二十七师 2 个团。毛泽东灵活应战,集中优势以应付敌人,取得了"新城大捷",活捉了国民党反动县长张开阳。

第二次"进剿",1928 年 4 月下旬,赣敌二十七师师长杨如轩率全师兵力扑向井冈山根据地,毛泽东说"分兵发动群众,集中以应付敌人",取得了"五斗江战斗"全胜。

第三次"进剿",1928 年 5 月 13 日,敌人有杨如轩 27 师全部、王均第七师 1 个团、杨池生第九师 1 个团,结果毛泽东在草市坳设伏,取得了草市坳战斗全胜，红四军二占永新。

第四次"进剿"，1928年6月中旬，敌人动用杨池生第九师3个团，杨如轩二十七师2个团，共5个团之众，毛泽东率领红军愈战愈勇，有了井冈山斗争史上的"七溪岭战斗"，结果"不费红军三分力，打败江西两只羊（杨）"。就是井冈山斗争历史上的"龙源口大捷"。

第一次"会剿"，1928年7月中旬，这时开始称"会剿"，不仅有江西还有湖南的敌人，湘敌吴尚第八军和赣敌王均第三军、胡文斗第六军共11个团，毛泽东在永新方圆30里的地方拖了敌人25天，最后，"敌终无奈我何"，井冈山斗争史上称"永新困敌"。

第二次"会剿"，1928年8月下旬，有湘敌吴尚第八军4个团，赣敌王均3个团参加"会剿"，结果，红军以不足一个营的兵力，取得了黄洋界保卫战胜利，毛泽东挥毫写下了"山下旌旗在望，山头鼓角相闻。敌军围困万千重，我自岿然不动。早已森严壁垒，更加众志成城。黄洋界上炮声隆，报道敌军宵遁"的名篇。

第三次"会剿"，1929年1月26日，蒋介石命令何键6个旅18个团前往"会剿"，井冈山从来没有这样的敌兵压境。毛泽东等分析各种意见，果断提出，井冈山根据地一定要守，不能轻易放弃，但也不能死守，必须采取积极行动，以一部分队伍守山，坚持内线防御，大部分主力部队出击，穿敌人空子，迂回敌后，到外围作战，寻机消灭敌人。红五军和红四军三十二团守山，由彭德怀、滕代远、王佐共同指挥，毛泽东、朱德、陈毅率领红四军主力出击赣南，迫使敌人回援。

这次是毛泽东主动出击，在外围却赢得了更大的发展空间——即后来中央革命根据地。

六　百年追寻

96　创建中央革命根据地

1929年1月14日，毛泽东、朱德率红四军主力3600余人下了井冈山，从战略上实施"外围作战"，以解井冈山之围，然而，下山途中的困难是难以想象的。

以至于3月20日，毛泽东写信向中央报告描述：一路上沿途无党无群众，追兵五团紧蹑其后，反动民团助长声威，是为我军最困苦的时候。

2月10日，红四军在毛泽东、朱德领导下，打了一个大胜仗：大柏地战斗，摆脱了敌刘士毅的一路追踪。

陈毅向中央报告了这次战斗。在《关于朱毛军的历史及其状况的报告》中这样记叙：

至二月中旬（阴历正月初一）复与刘士毅师全部鏖战于江西宁都瑞金交界之大柏地，从是日下午三时起相持至次日正午始将刘部完全击溃，其团长肖致平、钟恒被活捉，因不认识被逃去，得械八百余支，俘虏数略同，是役我军的屡败之余作最后一掷，击破强敌，官兵在弹尽援绝之时，用树枝、石块、空枪与敌在血泊中挣扎，始获得最后胜利，为红军成立以来最有荣誉之战争！

然后红四军到吉安县东部的东固与红二、红四团会合，毛泽东曾经这样评价这次会师：如果当年没有东固一个星期的休整，红四军将会被拖垮，更不可能开创赣南革命根据地了。

1929年5月25日，毛泽东率红四军离开东固沿着湘赣边转移。

毛泽东、朱德等带领的红四军踏上了赣南、闽西这片土地，历史注定在这里留下浓墨重彩的一笔。

这时的国内政治形势正在发生一场突变，毛泽东等抓住了这一时机，创造了历史。毛泽东曾作诗曰"风云突变，军阀重开战"。1930年3月14日，红四军在闽西长岭寨消灭了土著军阀郭凤鸣，浩浩荡荡开进长汀城。

在辛耕别墅，毛泽东向福建省委和中央写了报告，毛泽东此时心情很好，表述很热烈：

2. 汀州群众好，我们散发土豪及反动派的谷子、财物并扩大宣传后，工人及近城农民大大起来，连日建立农会、工会的基本组织（分秘密公开两种），日内即成立临时政权机关——革命委员会，目下是政治部代替政权机关。

5. 前委委员会决定四军、五军及江西红军第二第四两团之行动，在国民党混战的初期，以赣南闽西二十余县为范围，从游击战术，从发动群众以至于公开苏维埃政权割据，由此割据区域以与湘赣边界之割据区域相连接。

毛泽东等勾画了创建闽西赣南革命根据地的伟大蓝图，智慧、眼光和远大的憧憬在闽西赣南的青山绿水中荡漾。

这种智慧和眼光来自于毛泽东的调查。他用了3个月时间进行了大量民情风俗物质的调查，认为闽西群众基础好，物产丰富，回旋余地大，离开城市，敌人往来都很困难。

这种智慧和眼光来自于毛泽东的判断。国民党的报纸上表明了蒋桂战争即将爆发，闽西没有国民党的正规军。

这种智慧和眼光来自于毛泽东对于实践的总结。敌情变了，地形变了，群众也不同了，不能像井冈山时期那样固守一个山头。

这种智慧和眼光更来自于毛泽东对光明前途的憧憬。要继续摆脱城市中心论，在闽西赣南大干一场，"工农武装割据"即将前进一步。

97 纪律是我们的生命

毛泽东在《井冈山的斗争》中明确指出:"红军的物质生活如此菲薄,战斗如此频繁,仍能维持不敝,除党的作用外,就是靠实行军队内的民主主义。""边界红旗子始终不倒,不但表示了共产党的力量,而且表示了统治阶级的破产"。在井冈山的这支队伍,在敌人的经济封锁的严重时候,甚至是衣衫褴褛,食不果腹。却打破了敌人四次"进剿"、三次"会剿"。不但生存了下来,而且壮大了。关键是党的领导,是纪律的保障。

1927年10月24日,毛泽东要率队伍到大井会同王佐的绿林队伍了,毛泽东站在一块大石头上,强调:一,行动听指挥;二,打土豪要归公;三,不能拿老百姓一个红薯。几个月后的1928年1月24日,打下了遂川县城,在郊区的李家坪,毛泽东又补充了六项注意:一、上门板;二,捆铺草;三,说话和气;四,买卖公平;五,借东西要还;六,损坏东西要赔。

井冈山下的遂川县至今还流传着这样一首当年的红色客家山歌:"红军纪律真严明,行动听命令。爱护老百姓,到处受欢迎。遇事问群众,买卖讲公平。群众的利益,不损半毫分。"

当年,工农革命军打下了遂川县城,正值农历新年,队伍就派出一支支小分队去打土豪、筹款子。但有些战士也把一些店铺的东西没收了,甚至把店里的小秤也没收了。毛泽东进城后从群众口中了解到这些没有纪律的行为,就把队伍集中起来,第一次宣布了"六项注意"。部队借用老乡

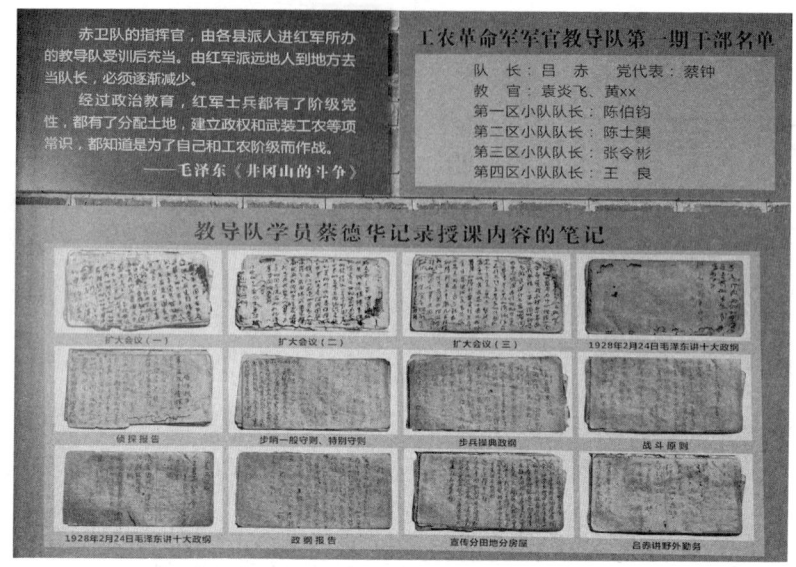

井冈山斗争时期工农革命军军官教导队学习笔记

的门板睡在地上,就这样过了一个新年。当年的赤卫队员谢桂标还唱了一首山歌:"腊月三十哟除夕夜,毛委员来到哟我身边。三把稻草哟送新年,金丝鞋子哟走天下。"唱的是毛委员半夜带着后勤处的人员给战士们送来了稻草,让战士们睡了个温暖觉。

毛泽东曾强调红军是战斗队、是工作队、是生产队。纪律有了还要宣传到队伍里,宣传到群众里。于是有了最早的工农革命军的宣传队,他们把纪律写在老百姓的土墙上,编成红谣唱起来。至今井冈山和周边的乡村还有一些当年红军留下的宣传标语。

1928年5月4日,朱德的南昌起义队伍和毛泽东的秋收起义队伍举行庆祝两军会师和四军成立大会时,毛泽东作为军党代表,在庆祝大会上宣布了"三大纪律和六项注意"。

98 让井冈山精神放射出新的时代光芒

从毛泽东同志到习近平同志，中国共产党几代主要领导人都上过井冈山，都对井冈山精神有过高度的评价，让人深思与感悟。

毛泽东同志是 1965 年 2 月 22 日至 29 日，重新回到井冈山，回到他曾经战斗、工作、生活的地方，从茅坪上黄洋界，下榻井冈山宾馆。井冈山革命博物馆里的一张发黄的收据让我们无限怀念毛主席，收据上写着"伙食费 17.5 元，粮票 23 斤"。这是当年毛泽东主席 7 天的生活开支，下山之前他让生活管理员吴连登一一结清。

收据成了历史文物，领袖的风范在我们心中矗立了一座永远的丰碑。

毛主席当时对身边的工作人员强调：现在日子好过了，我劝你们呀，艰苦奋斗的精神不要忘了，井冈山的革命精神不要丢了。

邓小平同志是 1972 年在江西蒙难，复出之前上的井冈山，虽然由于当时情况特殊，没有留下他在井冈山时的影像资料，但邓小平对井冈山精神的高度评价，至今萦绕在我们心间：井冈山精神是宝贵的，应当发扬，井冈山精神丢不得呀！值得一提的是，邓小平是中国共产党领导核心中第一个明确提出"井冈山精神"的。

江泽民同志在 1989 年 10 月上了井冈山，他提出：井冈山革命的星星之火之所以燃遍全国，走向胜利，就在于老一辈无产阶级革命家坚定的共产主义理想和始终不渝的信念。

胡锦涛同志曾三上井冈山，其中 2009 年 2 月还在井冈山厦坪镇菖蒲村和井冈山老表一起过大年，磨豆腐，炒板栗，温馨的照片至今让人记忆犹新，胡锦涛同志指出：夺取中国革命的胜利离不开井冈山精神，建设和发展中国特色社会主义同样需要井冈山精神。

习近平同志迄今已三上井冈山，特别是2016年2月上井冈山，在当年毛泽东同志写就伟大著作《中国的红色政权为什么能够存在？》《井冈山斗争》的八角楼，接见了袁文才、王佐的后代，他强调：

井冈山时期留给我们最宝贵的精神财富，就是跨越时空的井冈山精神。今天，我们要结合新的时代条件，坚持坚定执着追理想、实事求是闯新路、艰苦奋斗攻难关、依靠群众求胜利，让井冈山精神放射出新的时代光芒。

井冈山精神是无数革命前辈和先烈在艰苦卓绝的井冈山斗争中，用生命和鲜血凝聚而成的无产阶级革命精神，它是具有原创意义的民族精神，先有井冈山精神，然后有苏区精神、长征精神、延安精神、西柏坡精神……井冈山精神的源头地位不可震撼、不言而喻。

今天，红红火火的各种红色培训班上井冈山，响应党中央号召，把理想信念教育作为党的思想建设的首要任务。我们要带头传承井冈山精神，结合学习贯彻习近平新时代中国特色社会主义思想，深层次解读好井冈山精神的内涵。

内涵在哪里？核心、灵魂、基石。

井冈山精神的核心是实事求是、敢闯新路。

大革命失败后，党在血泊中觉醒，在八七会议上确定了"枪杆子里面出政权"重要方针，先后有南昌起义、广州起义、秋收起义……"城市中心论"还在错误指导中国革命，出路在哪里？毛泽东等老一辈无产阶级革命家等在"白色"恐怖和一次次的失败中硬是闯出了一条新路，"农村包围城市"，历史选择了井冈山。

六　百年追寻

1927年，是白色恐怖最甚的一年，蒋介石的四一二反革命政变，汪精卫"七一五"分共，用刀光剑影和血雨腥风来形容并不夸张，在短时间里有33万革命群众和共产党人倒下了。在1927年以后，蒋介石给下属的电报中频频出现"立决""斩立决"这两个恐怖血腥的字眼，很多中国共产党早期重要领导人，如郭亮、蔡和森、瞿秋白、方志敏、恽代英、彭湃、萧楚女倒在了敌人的屠刀下。

瞿秋白，被鲁迅先生誉为"拔根毫毛就能培养成伟大的文学家"的我党的早期领导人，被捕之后，自己走向刑场，盘腿而坐，"此地甚好，你们开枪吧！"为了共产主义理想信念，把生死看成人生的两场"休息"，如此坦然。

方志敏，红十军团军政委员会主席、中华苏维埃政府副主席，被俘之后，在狱中写下了16万字的革命著述《可爱的中国》《清贫》《我从事革命斗争略述》等不朽文章。

假如我还能生存，那我生存一天就要为中国呼喊一天；假如我不能生存——死了，我流血的地方，或者瘗骨的地方，或许会长出一朵可爱的花来，这朵花你们就看作是我的精诚的寄托吧！在微风的吹拂中，如果那朵花是上下点头，那就可视为我对于为中国民族解放奋斗的爱国志士们在致以热诚的敬礼；如果那朵花是左右摇摆，那就可视为我在提劲儿唱着革命之歌，鼓励战士们前进啦！

这是《可爱的中国》中的一段，催人泪下，发人深省。方志敏明知道被捕后蒋介石不会放过他的，但依然充满无产阶级革命家的豪情和诗人的气质。

这叫什么？不忘初心、牢记使命。

初心和使命是什么？党的十九大报告中指出：中国共产党人的初心和使命，就是为中国人民谋幸福，为中华民族谋复兴。

在庆祝中国共产党成立95周年大会上,习近平总书记回顾了两位著名烈士,一位是夏明翰,另一位就是方志敏。

说到方志敏烈士,习近平总书记深情地说:"我多次读方志敏烈士在狱中写的《清贫》。那里面表达了老一辈共产党人的爱和憎,回答了什么是真正的穷和富,什么是人生的最大快乐,什么是革命者的伟大信仰,人到底怎样活着才最有价值,每次读都受到启示、受到教育、受到鼓舞。"

方志敏烈士就是这样一个把信仰融入生命之人。

我们共产党人,在白色恐怖之中,在屠刀面前,有人退缩,有人变节,但更多的人是昂首阔步,舍生取义。

毛泽东就是在这样的白色恐怖中,毅然以革命的武装反抗反革命的武装。在面对秋收起义挫折,5000人锐减至1500人,问道何处时,伟人毛泽东改道上井冈山,选择了一条"实事求是"的道路。

从此,"实事求是"有如一盏明灯,在中国革命的道路上一路高悬,井冈山斗争时期的道路也是同国民党军队的激烈搏杀中"打"出来的。

毛泽东在《井冈山的斗争》中阐述:"边界的斗争,完全是军事的斗争,党和群众不得不一齐军事化。"军事斗争之频繁,超乎想象,杨开明在报告中提到:平均九天打一次仗。杜修经也曾回忆:平均每天牺牲将近50个红军将士。在井冈山斗争时期,毛泽东、朱德等领导井冈山军民先后粉碎了敌人的四次"进剿"三次"会剿"。

1929年4月5日在瑞金,毛泽东在《红军第四军前委给中央的信》中总结指出:

我们三年来从斗争中所得的战术,真是与古今中外的战术都不同。用我们的战术,群众斗争的发展是一天天扩大的,任何强大的敌人是奈何我们不得的。我们用的战术就是游击的战术。大要说来是:"分兵以发动群众,集中以应付敌人。""敌进我退,敌驻我扰,敌疲我打,敌退我追。""固定区域的割据,用波浪式的推进政策。""强敌跟追,用盘旋式的打圈子政策。"

在山沟沟里出了中国的马列主义。

井冈山道路也是同党内"左"倾错误思想的较量中"斗"出来。

1928年3月,在湘南军事部长特派员周鲁的错误指导下,工农革命军冒进湘南配合年关暴动,但是行军路上,毛泽东一直在深思这支队伍的政治思想建设,在鄜县中村的八担丘田里,毛泽东中村授课,进行了为期一周的部队政治思想教育。在1928年6月30日的永新联席会上,毛泽东再次反对了杜修经的"左"倾冒进思想,列举了六大理由,反对向湘南发展,坚持要在边界建立巩固的根据地,总结从三湾改编到古田会议我们党历经党内斗争的风风雨雨。在此期间,毛泽东始终明确提出要执行党的正确路线,对党员做正确路线的教育,党的领导机关要有正确的指导路线,否则,就会离开无产阶级的领导,走上军阀主义的错误道路。

在这些风雨之中,毛泽东始终把个人得失和政治前途置之度外,而把党的利益、革命的利益摆在首位。

1928年3月,湘南特派员周鲁错传中央指示,说开除了毛泽东"党籍",任命毛泽东当师长,何挺颖当书记,毛泽东第一次离开前委书记重要岗位,损失的不是个人,是革命,于是革命遭到了"三月失败",边界遂川、宁冈几个刚打下来的国民党的县城重新被敌人占领。

历史总是清明的,人民始终是清醒的。

1928年5月20日,湘赣边界第一次党的代表大会在茅坪谢氏慎公祠召开,人民和革命同志们选择了毛泽东任特委书记。这是当时边界最高党政领导机关的职务。

1928年8月,杜修经在沔渡主持召开红四军军委扩大会议,竟以毛泽东脚疾未到会为由,撤销了毛泽东的前委书记,任命陈毅为前委书记,毛泽东再次离开前委书记岗位，紧接着革命即遭重大失败，即"八月失败"，二十九团几乎覆灭，二十八团损兵折将，宁冈县近1000人被杀。江西省委、湖南省委和中央认真总结了"八月失败"的教训，中央给前委来了一封信，指示"毛泽东仍为前委书记"。

1929年6月，红四军在龙岩地区伦明堂召开红四军"第七次党的代表大会"，由于红四军政治部主任刘安恭等人质疑毛泽东党对军队的绝对领导、建立根据地、创建红色政权等重要思想，而要实行极端的民主主义，事无大小，一律会议举手通过，荒唐至极。

设想在那时战机稍纵即逝的战争年代，没有党中央权威，没有集中统一领导怎么行？刘安恭等人的非无产阶级思想让革命在这里开了小差，毛泽东再次落选前委书记，陈毅再次替代毛泽东做了前委书记。

"陈毅是个好同志。"毛泽东在1972年参加陈毅的追悼会时强调。

确实，陈毅当年代表前委到上海参加军事会议，向李立三、周恩来汇报红四军工作，反复陈述个人建议，要求毛泽东回到前委书记重要岗位，在周恩来、李立三等协商下，党中央来了"九月来信"。

"毛泽东应仍为前委书记"。"九月来信"像一声春雷，重新召唤了革命的春天，毛泽东于1929年11月26日回到前委任书记，于是有12月28—29日的古田会议。

思想建党，政治建军，党对军队的绝对领导的重要思想再次凝聚了这支队伍。"古田会议放光芒！""井冈山精神放射出新的时代光芒！"

99 革命理想高于天

坚定信念不是抽象的,而是具体的,在井冈山斗争时期有辉煌与胜利,也有低潮与挫折,有令人欢欣鼓舞的"朱毛会师全盛时期",也有令人痛心疾首的"三月失败"。

在低潮与挫折的时候,最能凸显人的是什么?

信念。

毫无疑问,井冈山斗争时期的前委书记毛泽东是坚定信念的杰出代表。

1927年10月,工农革命军在茅坪刚刚落了脚,有人就过不下艰苦奋斗的生活了。

师长余洒度跑了,团长苏先骏也跑了!他们的脱逃引起了毛泽东的深思,于是有了"水口建党"。毛泽东决定巩固三湾改编的成果,把优秀的士兵吸收到党组织的战斗堡垒中来。

赖毅、陈士榘、刘炎、鄢辉、欧阳健、李恒6人在毛泽东亲自主持下,在水口叶家祠二楼的阁楼上举起了拳头宣誓加入了中国共产党。

这些二十岁左右的青年志士喊出自己的坚定有力的声音:

"牺牲个人,努力革命,阶级斗争,服从组织,严守秘密,永不叛党。"

在斗争的低潮时期,1928年3月、1928年8月,1929年12月,红军和群众中都有人提出"红旗到底打得多久"的质疑。1930年的新年,毛泽东收到了红一纵队司令员林彪的"贺信",但内容都与贺信大相径庭,这是林彪人生第一次犯了政治大错,幼稚地提出"红旗到底打得多久?"

毛泽东审视这封"贺信",第一个反应是:这个问题不回答不解决,中国革命就难以前进一步。

1930年1月5日,古田赖坊,毛泽东针对林彪等人的错误思想和中央"二月来信"的"右"倾悲观倾向,写就了伟大著作《时局的估量和红军行动问题》(即《星星之火,可以燎原》)。

措辞严厉,态度鲜明。

林彪同志:

新年已经到来几天了,你的信我还没有回答。一则因为有些事情忙着,二则也因为我到底写点什么东西给你呢?

我从前颇感觉、至今仍有些感觉你对于时局的估量是比较的悲观。去年五月十八日晚上瑞金的会议席上,你这个观点最明显。我知道你相信革命高潮不可避免地要到来,但你不相信革命高潮有迅速到来的可能,因此在行动上你不赞成我一年争取江西的计划,而只赞成闽粤赣交界三区域的游击;同时在三区域也没有建立赤色政权的深刻的观念,因之也就没有由这种赤色政权的深入与扩大去促进全国革命高潮的深刻的观念。

这封信,实质上标志着毛泽东"乡村为中心""武装夺取政权"理论的基本框架已形成。

毛泽东让革命者看见了曙光,看见星火燎原:"它是站在海岸遥望海中已看得见桅杆尖头了的一只航船,它是立于高山之巅远看东方已见光芒四射喷薄欲出的一轮朝日,它是母腹中要成熟了的一个婴儿。"

朱德、陈毅在天心圩的演讲,让革命者看见了他们的信仰如同高山伟岸,也是百折不挠的光辉典范:

六　百年追寻

"我们现在的中国革命就相当于俄国1905的俄国革命,俄国革命在1905年失败了,但黑暗遮不住光明,最后在1917年不是成功了吗?只要我们保存实力,革命也有办法,也能成功。"

队伍中有人可能还听不懂俄国革命,但所有人都听懂了朱德的担当,听懂了他带领大家走出困境的决心。

陈毅鼓励大家做失败时的英雄,是退一步进万步的雄才大略。正是因为朱德与陈毅的不屈不挠,这支火种队伍成功地上了井冈山。

1928年4月28日朱毛握手,朱毛从此不分家,演绎了中国革命史上一幕又一幕生龙活虎的壮歌。

彭德怀在旧军队每月拿300块大洋,但是,他为了信仰,放弃骑马坐轿的旧军阀待遇而上了井冈山,每天在布满荆棘的深山老林里和国民党军队做斗争,每天5分钱伙食费,"红米饭南瓜汤,干稻草软又黄"。

平江起义之前,他写了一封密信给好友黄公略,表露了他对革命队伍和毛泽东的敬仰之情"唯有润之工农民,跃上井冈旗帜新。我欲以之为榜样,或依湖泊或山区"。

1928年7月22日,他和黄公略、滕代远以"闹饷"为由成功地发动了平江起义,队伍拉到2000人。

在江西铜鼓幽居会议之后,彭德怀确定了上井冈山的方针。

第一次在万载受阻,原因是敌人2个团包围了自己,不得不迂回湘粤赣边境游击。

第二次成功了,但有一场虚惊。

彭德怀正在队伍里鼓励大家上井冈山做演说。

第一大队长雷振辉志不同道不合,一把夺过警卫员薛洪全的手枪,对准彭德怀脑袋威胁,彭德怀面不改色,身边的新入党的党员黄云桥一手掰倒雷振辉一手拔枪,解决了这个反动分子。

"就是剩下我彭德怀一个人，爬山越岭也要走到底。"

队伍浩浩荡荡向井冈山，1928年12月10日，在宁冈新城"敬爱堂"这座老祠堂，彭德怀见到了毛泽东，红五军与红四军会师了。

陈毅写了对联：在新城，过新年，欢迎新同志，打倒新军阀；趁红光，到红军，高举红旗子，创造红世界。

井冈山斗争时期，有大批信念坚定的大学生、留学生、黄埔生在这支队伍里。

朱德、陈毅、何长工等人是留法回来的。北大的有李却非、伍中豪、朱亦岳等。黄埔军校又有多少青年才俊在这深山老林追求革命信仰？共有80余人：卢德铭、王尔琢、张子清、朱云卿、伍中豪、徐彦刚、陈毅安、王展程等等。

井冈山当地干部群众代表谢甲开、刘仁堪也是恪守信念的优秀人物；谢甲开是茅坪人，为了掩护群众上山，这个仅仅还是宁冈茅坪乡工农兵苏维埃政府文书的工作人员把危险留给了自己，被捕之后，誓死不屈，敌人将他开膛剖肚，鲜血染红了茅坪河。

刘仁堪，当年的莲花县委书记，1929年红四军下山以后，他们夫妻俩回到家乡莲花开展党组织工作，被反动团长李成萌被捕，游街示众，夫妻俩抓住一切机会向群众宣传革命真理，敌人将他舌头割下，鲜血直流，刘仁堪就用脚趾蘸鲜血在地上写下"革命成功万岁"！

在井冈山斗争时期，这些革命志士为什么能坚贞不屈，舍生忘死？他们心中的原动力在哪里？

一是他们对中国革命发展大势的正确认识；二是对井冈山革命根据地发展前途的正确认识；三是对共产党和毛泽东坚强领导的正确认识；四是对共产主义的执着追求。

1929年2月，红四军下山后遭受了第一场恶战：寻乌圳下战斗，当时

六 百年追寻

毛泽东、朱德、陈毅等都险些被捕，朱德妻子伍若兰为了掩护丈夫朱德转移，腿部中弹，不幸被捕。

敌人将伍若兰连夜押到江西赣州，连夜审问，敌刘士毅师长这样狂言："只要签字画押和朱德脱离夫妻关系，就放你回去，你也可以留下来做官。"

伍若兰冷冷地说："要想改变我的信仰，除非日从西边出，赣江水倒流。"

敌人恼羞成怒，最后将她割头示众，头颅就挂在赣州卫府城楼上，甚至将这位准母亲的肚子都剖开了，惨不忍睹。

伍若兰牺牲时仅23岁。

在井冈山时期还有一个让我们敬仰的巾帼英雄：曾志。

如果我们今天仅仅把曾志解读为一个普通的红军将士，应该没有完全读懂这个女人，作为女人，她也是一个爱得悲壮的妻子，一个爱得深沉的母亲。

曾志的第一任丈夫夏明震，21岁，湘南暴动中牺牲。第二任丈夫蔡协民，井冈山时期任三十一团党代表，毛泽东广州讲习所时的学生，后来转至福州中心县委书记，被叛徒出卖后牺牲。第三任丈夫是新中国的副总理陶铸，"文化大革命"中被迫害致死。

曾志在井冈山时期共有3个小孩。曾志回忆，1928年11月，她在井冈山生下一个男婴，26天后托付王佐部下一个叫石礼保的副连长家属代为抚养。

当曾志第二次看到这个儿子时是什么时候？24年后的1952年，她时任中南局工业部副部长。

那一刻当曾志看到站在自己面前这个面色灰暗当农民的儿子时，应该愧疚心痛，共产党人坚定的另一面儿女情长同样拥有。

儿子提出想进广州做一个工人，曾志没有答应，"做农民多好啊，我们天天都要吃农民种出来的粮食"。

就这样，这个叫石来发的农民儿子在井冈山做了一辈子兢兢业业的护林员。

更让我们敬仰的是曾志逝世前给了女儿陶斯亮一个旧牛皮袋，上面写了"我生命熄灭的交代"，交代什么？"不要开追悼会，不要在家里设灵堂，不要举行任何悼念仪式，把骨灰送回井冈山上一棵树下做肥料吧。"

如今，曾志老人的墓就在小井红军医院旁边一个小山包上。哪里是墓？仅一块石头而已，上书："魂归井冈——红军老战士曾志。"

这样的经典太多，太长，这些同样是妻子、母亲、儿子、父亲的革命志士到底为了什么？

是名？小井红军医院100余名重伤病员被敌人机枪扫射，最小仅14岁，没有一个幸存者，新中国成立后才找到21个人的名字，其他连姓名都没有。不为名。

是利？这支队伍里有些战士、指挥员来自于地主资产阶级，背叛家庭，背叛父母上井冈，二十九团团长胡少海，人称湖南宜章"胡五少爷"，三十一团团长朱云卿是印度尼西亚归国华侨的后代，还有原任旧军阀高官的朱德、彭德怀等。不为利。

为官？面对刘士毅高官厚禄的收买，伍若兰断然拒绝。不为官。

为什么？他们真正地做到了4个字：理想信念。

理想信念是什么？是一个人的精神支柱，也是一个政党民族的精神支柱，一个人，没有理想信念，就成了没有灵魂的躯壳，一个政党一个民族没有理想信念就会丧失奋斗目标和前进的方向。

革命理想高于天。共产主义远大理想和中国特色社会主义共同理想，是共产党人的精神支柱和政治灵魂，也是保持党的团结统一的思想基础。

六 百年追寻

要把坚定理想信念作为党的思想建设的首要任务，教育引导全党牢记党的宗旨，挺起共产党人的精神脊梁，解决好世界观、人生观、价值观这个"总开关"问题，自觉做共产主义远大理想和中国特色社会主义共同理想的坚定信仰者和忠实实践者。

今天，我们坚信什么？

坚信中国共产党的领导，党政军民学、东西南北中，党是领导一切的。

坚信中国特色社会主义道路。

坚信中华民族伟大复兴一定能实现。

井冈山"薪火相传"雕塑

100 方向决定前途，道路决定命运

马克思曾言，如果斗争只是在极顺利的成功机会的条件下才着手进行，那么创造世界历史就未免太容易了。

邓小平强调：在井冈山打旗帜才几千人，一打就是22年，最后还是战胜了帝国主义和他们支持的力量，中国人站起来了。

毛泽东指出：在四周白色政权包围之中，有一小块或若干小块红色政权的区域能长期存在，是世界各国从来没有的事。这种奇事的发生，有其独特的原因。

毛泽东指出的这种"奇事"的发生与存在靠什么？依靠群众，艰苦奋斗。

秋收起义上井冈，南昌起义上井冈，湘南暴动上井冈，井冈山时期的高峰阶段，汇聚上万革命者，什么困难最多？

毛泽东曾回忆："吃饭太难""穿衣最难"。

人口不满2000人，产谷不过万担，边界怎么承受这么重大的困难？艰苦奋斗。

井冈山时期毛泽东代表前委给中央的报告即《井冈山的斗争》中这样具体地描述：

现在全军五千人的冬衣，有了棉花，还缺少布。这样冷了，许多士兵还是穿两层单衣。好在苦惯了。而且什么人都是一样苦，从军长到伙夫，

六　百年追寻

除粮食外一律吃五分钱的伙食。

有同志会问，那时不是吃红米饭、南瓜汤吗？

事情不是革命歌曲描述的那么完美，那是表现革命者乐观主义精神，艺术需要，士气需要。

曾志有段回忆："要是吃上红米饭、南瓜汤，我们像过年一样高兴。"可见，红米饭、南瓜汤是年饭那么珍贵，不是家常饭。

那时军民一家人。

军需处长范树德曾回忆：朱军长让我用一个铜板在黄洋界桃寮村的一个张姓妇女家买了一根毛竹，做了两根扁担，一根我自己用，一根给军长朱德，我写上"朱德扁担，不准乱拿"。

战士们觉得朱军长40多岁了，是年龄最长的一个，还带头挑粮从砻市上井冈山，爬上海拔1300多米的黄洋界，于是把朱军长的扁担藏起来了。

朱德自己找过一根扁担，再次写上"朱德的扁担"。继续和战士一起挑粮上井冈。

队伍里传开"朱德挑谷上坳，粮食绝对可靠。大家齐心协力，粉碎敌人'会剿'"。

1965年郭沫若上井冈山，在毛泽东、朱德挑粮中途休息的黄洋界槲树写下了"雄关如铁旌旗壮，小径挑粮领袖忙。五里横排遗槲树，千秋蔽芾胜甘棠"的诗句。

如今，朱德的90年前的那根扁担静静地躺在井冈山革命博物馆展台上。

当年，扁担挑起的不仅是60多斤的粮食，还是沉甸甸的中国革命。

要奋斗，就会有牺牲。井冈山斗争倒下了48000多名红军将士，有名有姓的15744人，无名烈士30000多人。

90多年前的井冈山革命斗争时期，入党誓词把"牺牲个人"放在前面。

当时的入党誓词:"牺牲个人,努力革命,阶级斗争,服从组织,严守秘密,永不叛党。"

那时候,什么岗位牺牲概率最大?党代表。毛泽东在《井冈山的斗争》中指出:

党代表伤亡太多,除自办训练班训练补充外,希望中央和两省委派可充党代表的同志至少三十人来。

杨得志回忆:当年和我上井冈山的25个衡阳筑路工人在"八月失败"后只剩下我一个人了。

更让人感动的是杨得志回忆入党介绍人梁同志当年的提醒谈话:你想加入党组织是件好事,但要经受考验,吃苦受累,流血牺牲,都要走在前面,要是被敌人抓到了,共产党员就得先掉脑袋。

最坏的结果,介绍人梁同志说得那么直白。

结果在谈话的第二天梁同志就牺牲了,但他的教导一直激励着杨得志的成长,从井冈山开始,到长征路上,杨得志都在先锋团。

毛泽东也曾"九死一生"。

1927年9月6日,他和潘心源、易子义3人去江西铜鼓路上,在浏阳张家坊不幸被地主团丁抓到,天渐黑,就在离团丁总部不到200米的地方,毛泽东和潘心源、易子义往不同方向脱逃。

团丁在后面追,子弹在头上飞。

无奈之下,毛泽东跳进一个深水塘里,就藏在水草底下,躲过一劫。1936年在延安时,毛泽东曾对美国记者斯诺描述:我就藏在水草底下,敌人呼吸都能听到,庆幸敌人就没有发现我。

天完全黑了,毛泽东才从水塘中爬上岸来,在一个叫陈九兴的农民帮助下,用5个铜板买了一双鞋一把伞,星夜赶路,赶到铜鼓肖家祠,领导了震惊世界的秋收起义。

1927年10月22日,毛泽东率秋收起义部队上井冈山的途中遭遇"大汾劫难"。毛泽东身边只剩下三十几个人跟着他,走了一天一夜至井冈山下黄坳乡一座清朝老桥——雁塔桥,大家垂头丧气地坐在桥上,一天一夜没有进粮,罗荣桓回忆"好不容易从老乡家买来一小桶饭,又没有碗筷,大家只好用手抓着吃"。

吃完后,毛泽东站在桥头,有了历史上"排头兵"的经典故事。

关键时刻党员干部站前排!请曾士峨连长喊口令,毛泽东站第一个,"大家跟我回井冈山"。罗荣桓站在第二个。

今天,我们讲艰苦奋斗,依靠群众不是要求大家像井冈山斗争时期那样,吃红米饭南瓜汤,而是要求大家在新的历史条件下不丢艰苦奋斗的作风、不丢勤俭节约的传统美德、不丢廉洁奉公的高尚操守,逢事想在前面,干在实处,关键时刻坚决顶起自己该顶的那片天。我们今天讲依靠群众,也不是要求大家像井冈山斗争时期那样,去和老百姓一起上战场、浴血奋战,而是要求我们执政党传承一种无私奉献的精神,切实做到廉洁奉公、反腐倡廉、心系群众、执政为民。

2018年,习近平总书记在庆祝改革开放40周年大会上的讲话指出:方向决定前途,道路决定命运。我们要把命运掌握在自己手中,就要有一种志不改、道不变的坚定。在中国这样一个有着5000多年文明史、14亿人口的大国推进改革发展,没有可以奉为金科玉律的教科书,也没有可以对中国人民颐指气使的教师爷。鲁迅先生说过:什么是路?就是从没路的地方践踏出来的,从只有荆棘的地方开辟出来的。

这段话是教导我们,对待自己的工作要有一种踏石留印、抓铁有痕的干劲、狠劲和韧劲。用自己的实际行动去续写中国辉煌,托起中国梦想。

党的十九大报告中指出:"行百里者半九十。中华民族伟大复兴,绝不是轻轻松松,敲锣打鼓就能实现的。全党必须准备付出更为艰巨、更为艰苦的努力。"

幸福是靠奋斗出来的。

百年征程，波澜壮阔；百年初心，历久弥坚。从上海的石库门到嘉兴南湖，一艘小小的木船，承载着人民的重托，民族的希望，越过急流险滩，穿过惊涛骇浪，成为领航中国行稳致远的巍巍巨轮，中国共产党胸怀千秋伟业，恰似百年风华。站在两个一百年的历史交汇点上，全面建设社会主义现代化国家新征程已经起航，征途漫漫，唯有奋斗。我们就是要坚定信念，不忘初心、牢记使命，学好党史、新中国史、改革开放史、社会主义发展史，传承好党的优良传统，为实现中华民族伟大复兴的中国梦而不懈奋斗。

参考文献

［1］毛泽东.毛泽东选集.［M］北京：人民出版社，1991（2009.11重印）

［2］习近平.论中国共产党历史.［M］北京：中央文献出版社.2021.

［3］中共中央文献研究室编.毛泽东文集［M］北京：人民出版社.1993（2009.1重印）.

［4］中共中央文献研究室编.毛泽东年谱.［M］北京：中央文献出版社.2013.

［5］中共中央文献研究室编.周恩来年谱.［M］北京：中央文献出版社.2020.

［6］彭德怀.彭德怀自述.［M］北京：人民出版社.2019(2022.6重印).

［7］余伯流、陈钢著.井冈山革命根据地全史.［M］南昌：江西人民出版社.1998.

［8］中国井冈山干部学院编.井冈山斗争时期文献导读.［M］北京：党建读物出版社.2016.

［9］张泰城著.井冈山的红色文献.［M］南昌：江西人民出版社.2016.

［10］中共中央党史研究室著.中国共产党历史.［M］北京：中共党史出版社.2011（2021.3重印）.

［11］《中国共产党简史》编写组著.中国共产党简史.［M］北京：人民出版社、中共党史出版社.2021.

［12］十六大以来重要文献选编.［M］北京：中央文献出版社.2011.

后 记

  百年的历史变迁，不变的青山秀水，积淀下来的是浓郁的井冈山红色文化，是后人对老一辈无产阶级革命家的崇敬和怀念之情。1927年10月，毛泽东率领的秋收起义队伍上了井冈山之后，井冈山的生命力得到了焕发，"星星之火"不仅燃遍了神州，同时，凝聚成了不朽的井冈山精神。井冈山"红色文化"的形成得益于她的光荣历史。秋收起义之后，毛泽东分析了当时的情势，决定放弃攻打湖南中心城市长沙原定计划，改向敌人力量薄弱的农村进军，放弃了"城市包围农村"的道路，改走"农村包围城市"的战略。于是经过三湾改编等一系列措施，建立起中国第一个农村革命根据地——井冈山革命根据地。在当时是"两不管"（即湖南省、江西省都不管辖）地带，敌人统治力量薄弱，而且地势险要，易守难攻，便于保存和发展的革命根据地。井冈山革命根据地的建立，把革命的退却和革命的进攻巧妙结合起来，点燃了"工农武装割据"的星星之火，开创了符合中国国情的胜利道路。各地共产党人也领导了武装起义，纷纷建立革命根据地，形成了燎原之势。

  《跨越百年的追寻》是我们俩十几年来研读井冈山斗争的心得或体会，我们选了100篇，称为读书笔记，我们俩想把这本书定位于即将迎来井冈山根据地成立100周年的献礼，一本普及式读物。

  本书的编写自始至终得到了井冈山市一批研究井冈山斗争史的专家的关怀和指导，特别是得到了江西人民出版社副社长黄心刚、责任编辑王醴颉的帮助，为我们的书稿做了大量的修正工作，在此一并致谢。

肖文纬　陈定才

2023年5月